Línea Infinita

ENRIQUE ZALDÍVAR

Volumen 1

Copyright © 2019 Enrique Zaldívar

Todos los derechos reservados

ISBN: 9781790195503

Delirios

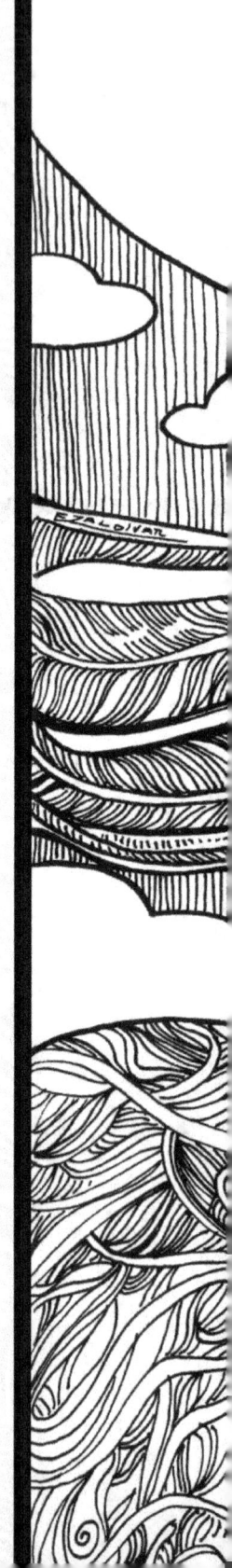

Frente a la libertad

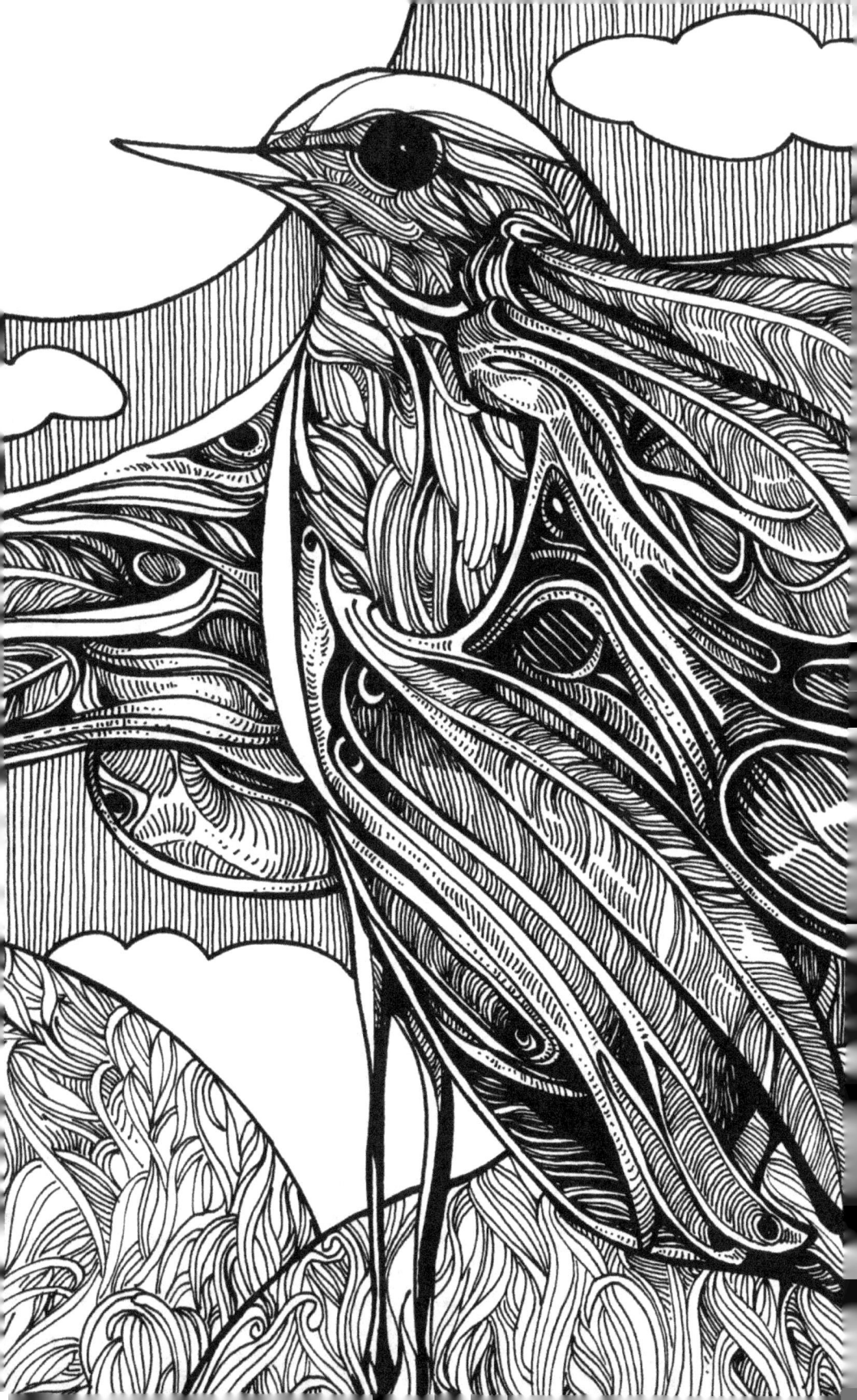

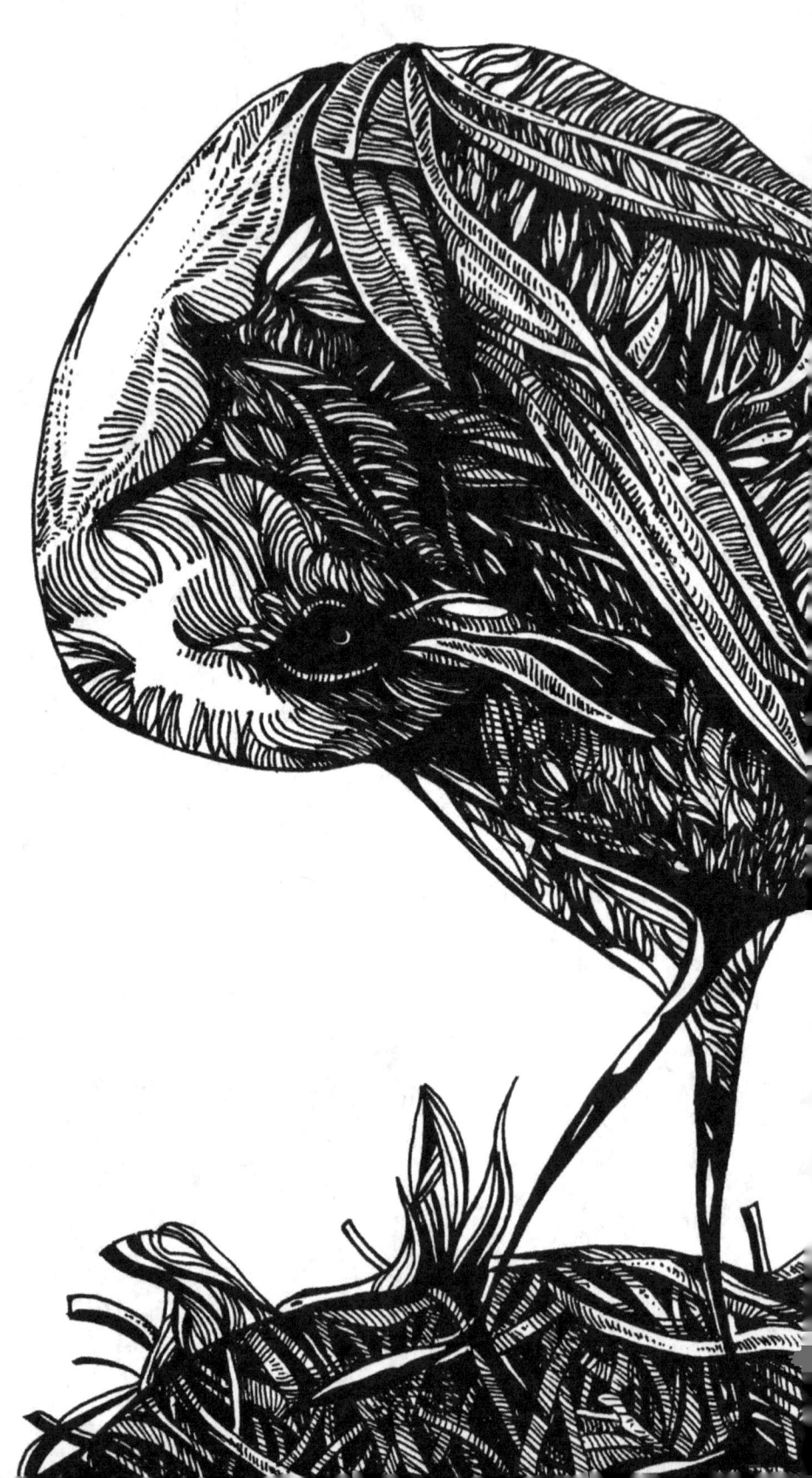

¿Para qué quiero alas? ¿Acaso podría superar los límites del cielo?

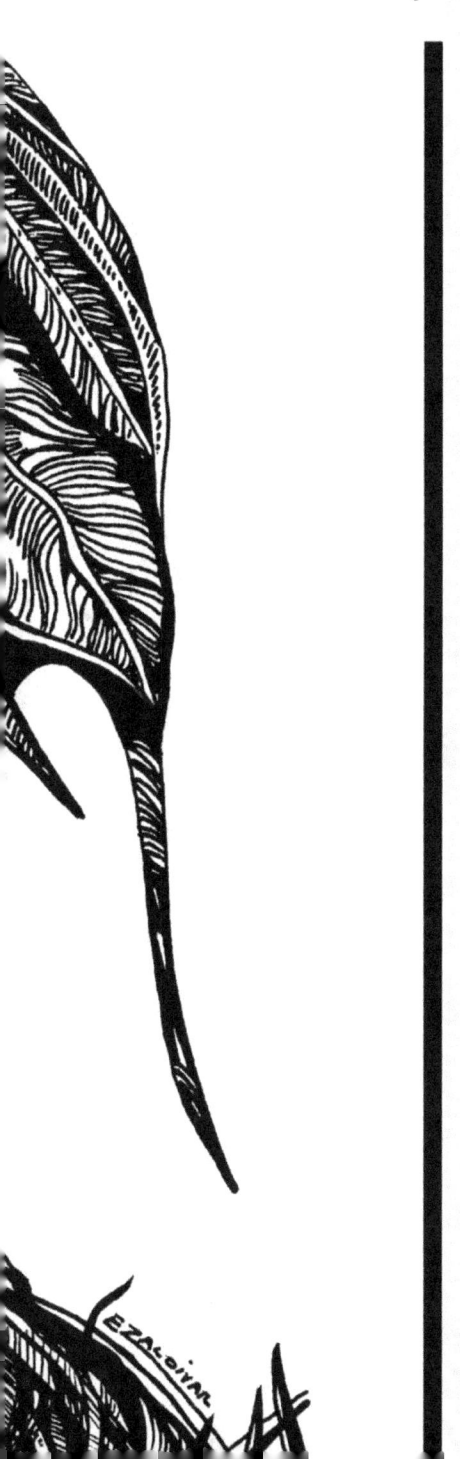

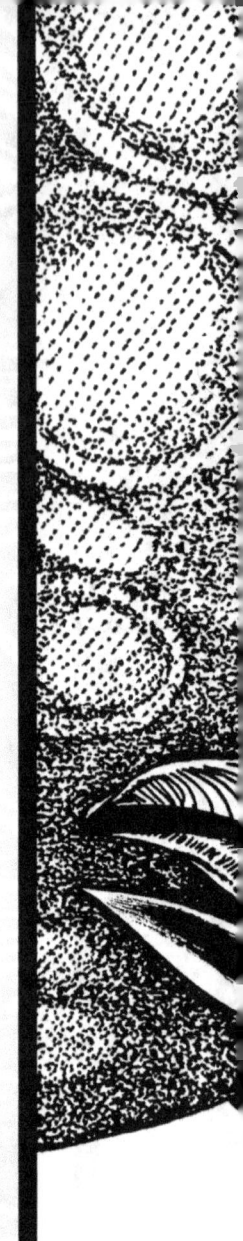

No puedes salvarme de la caída
libre ni del salto infinito al vacío

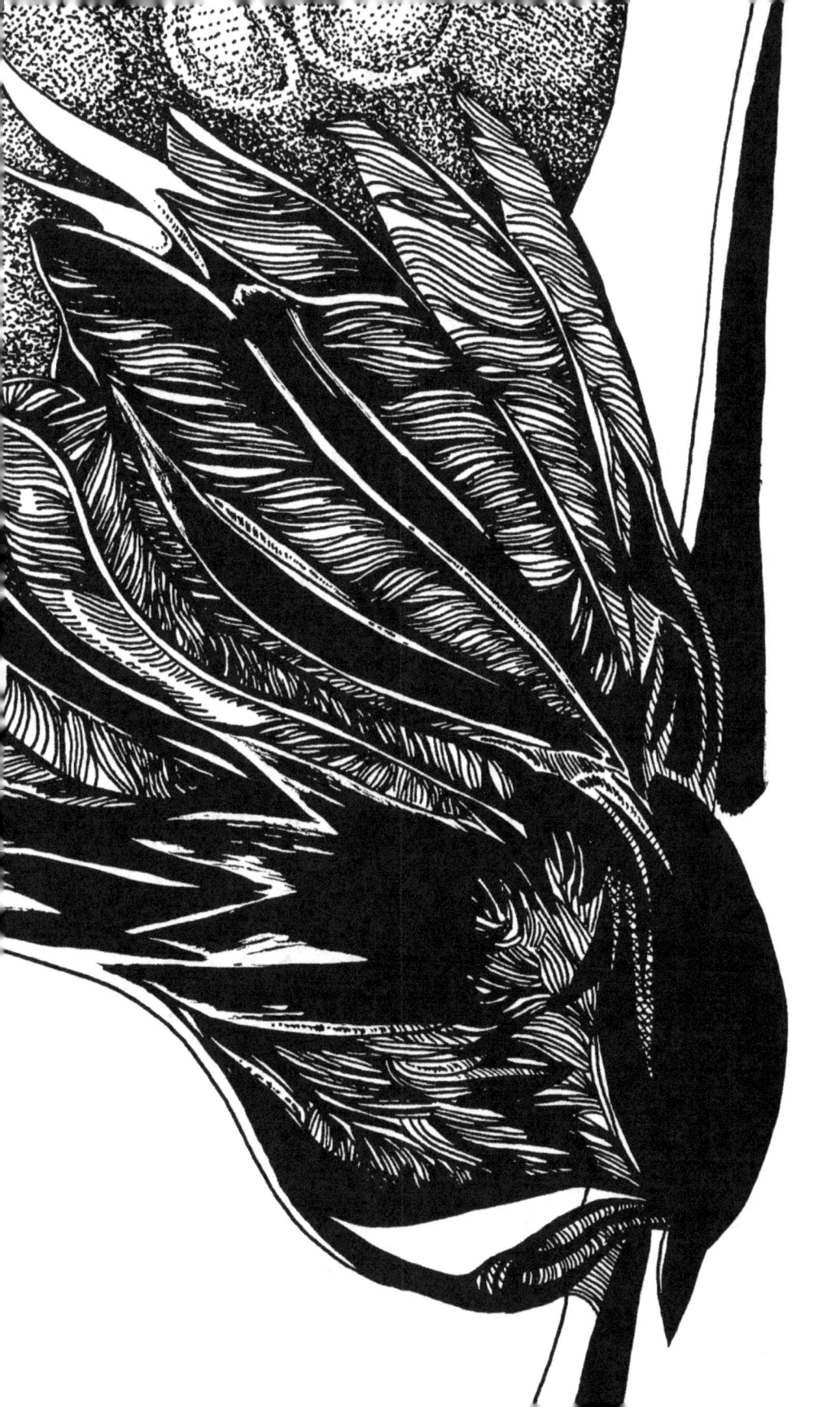

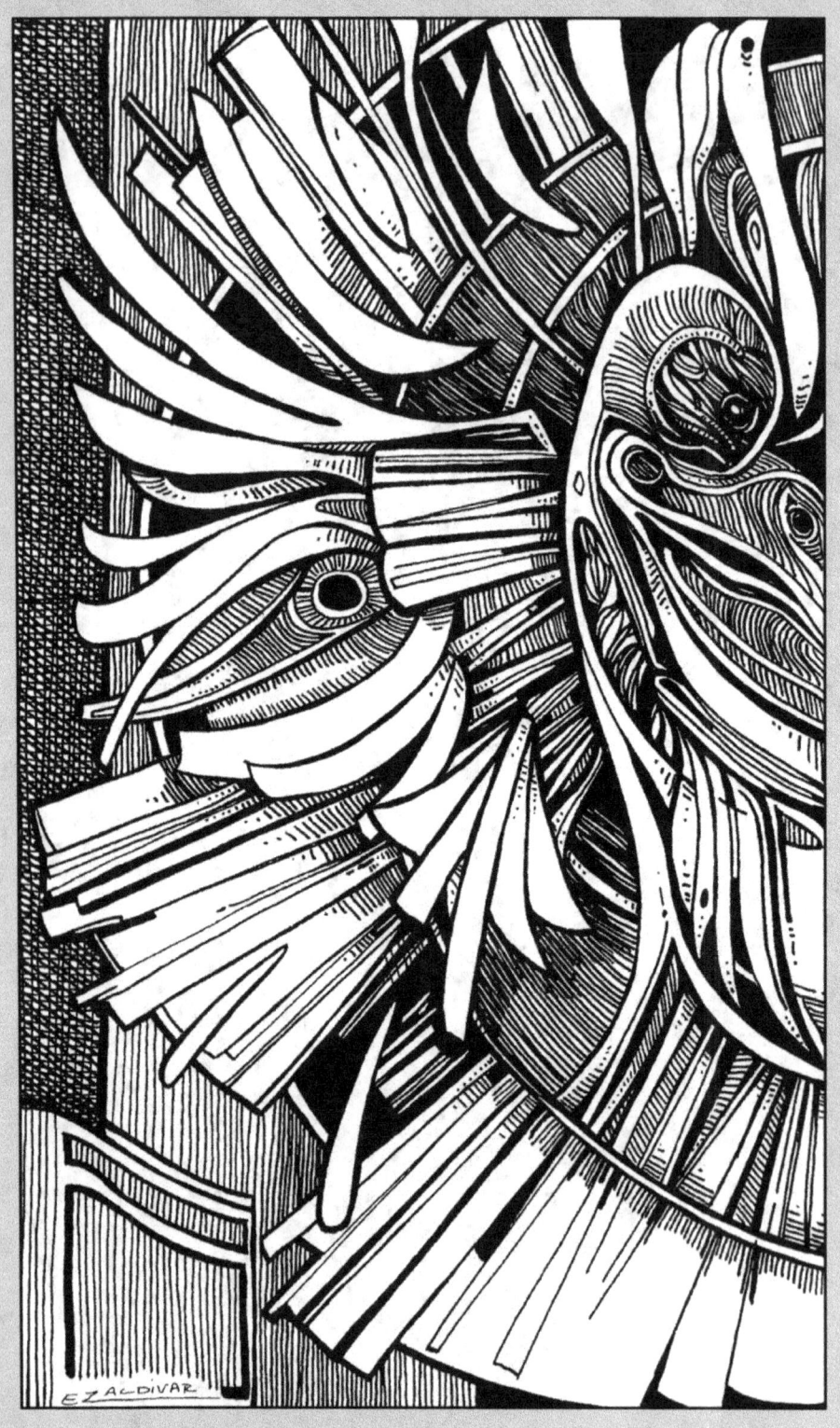

La pesadilla de Ícaro

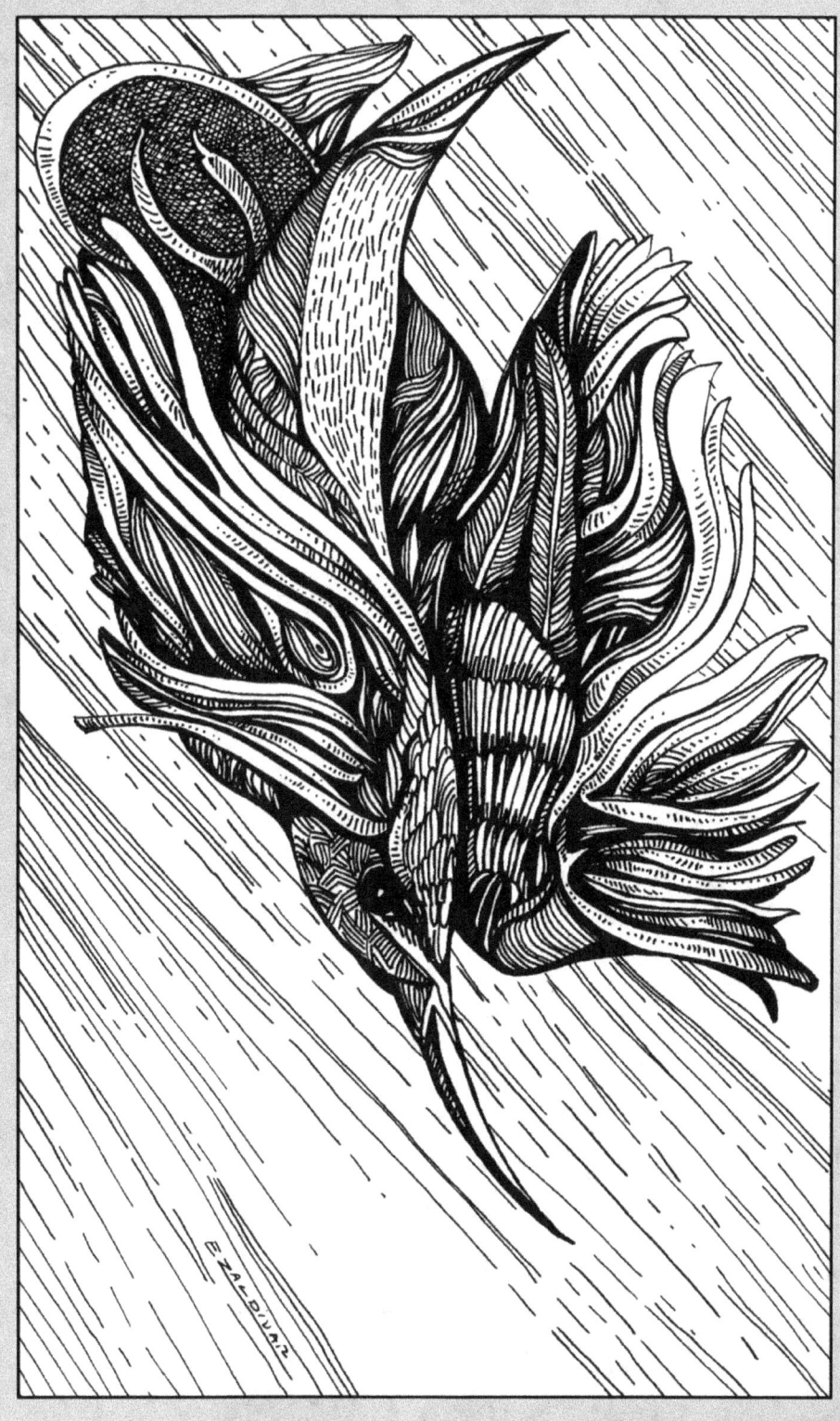

Vértigo

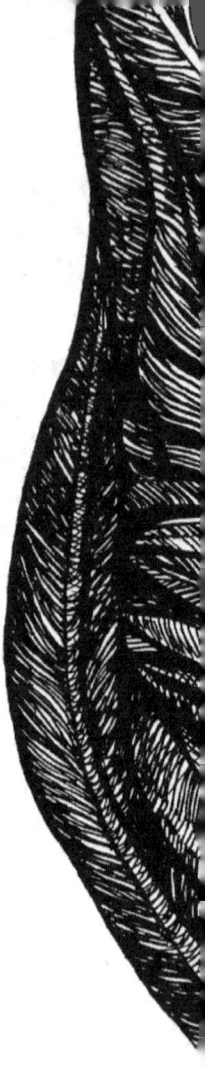

Atados a la nada

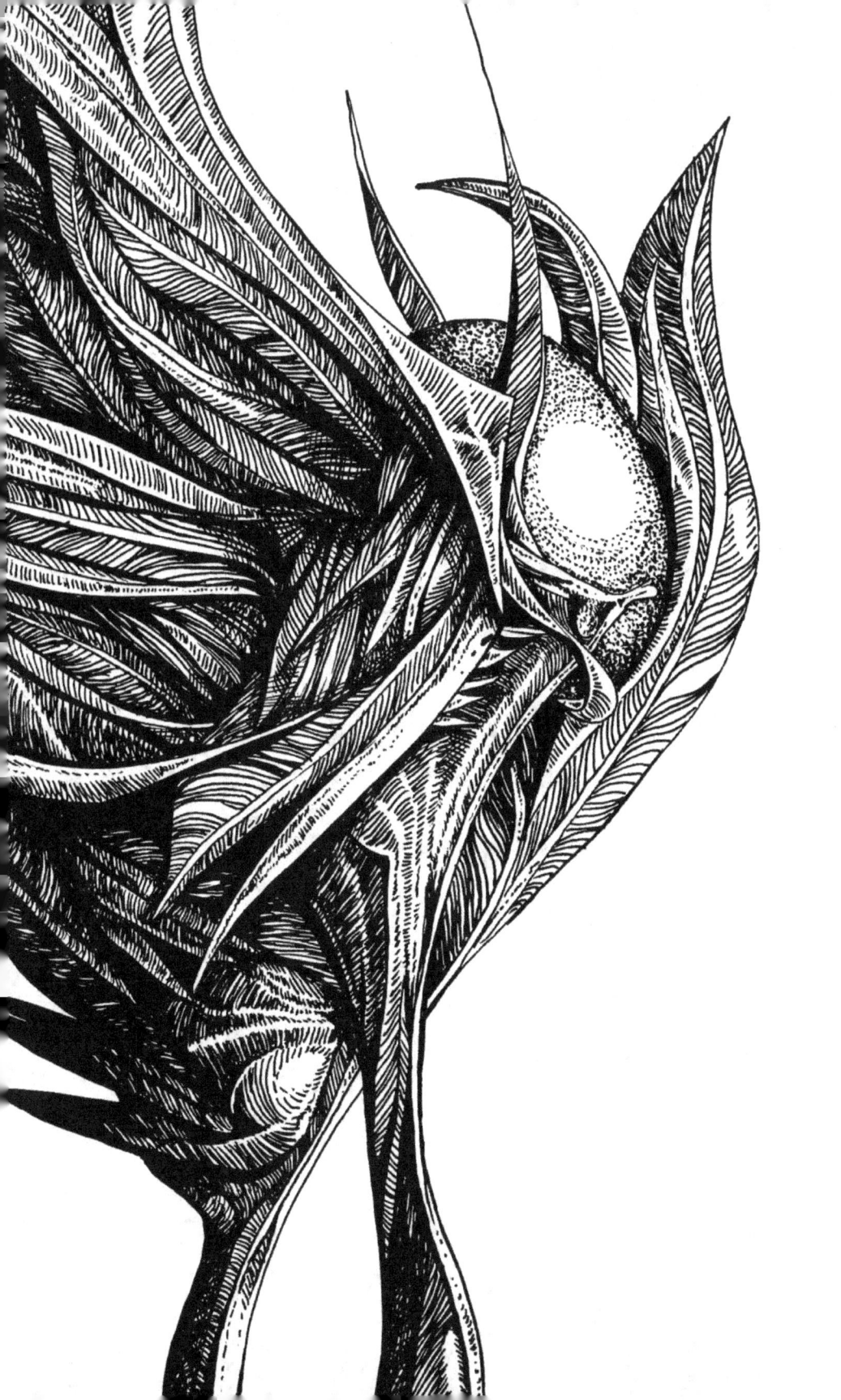

Voces al viento

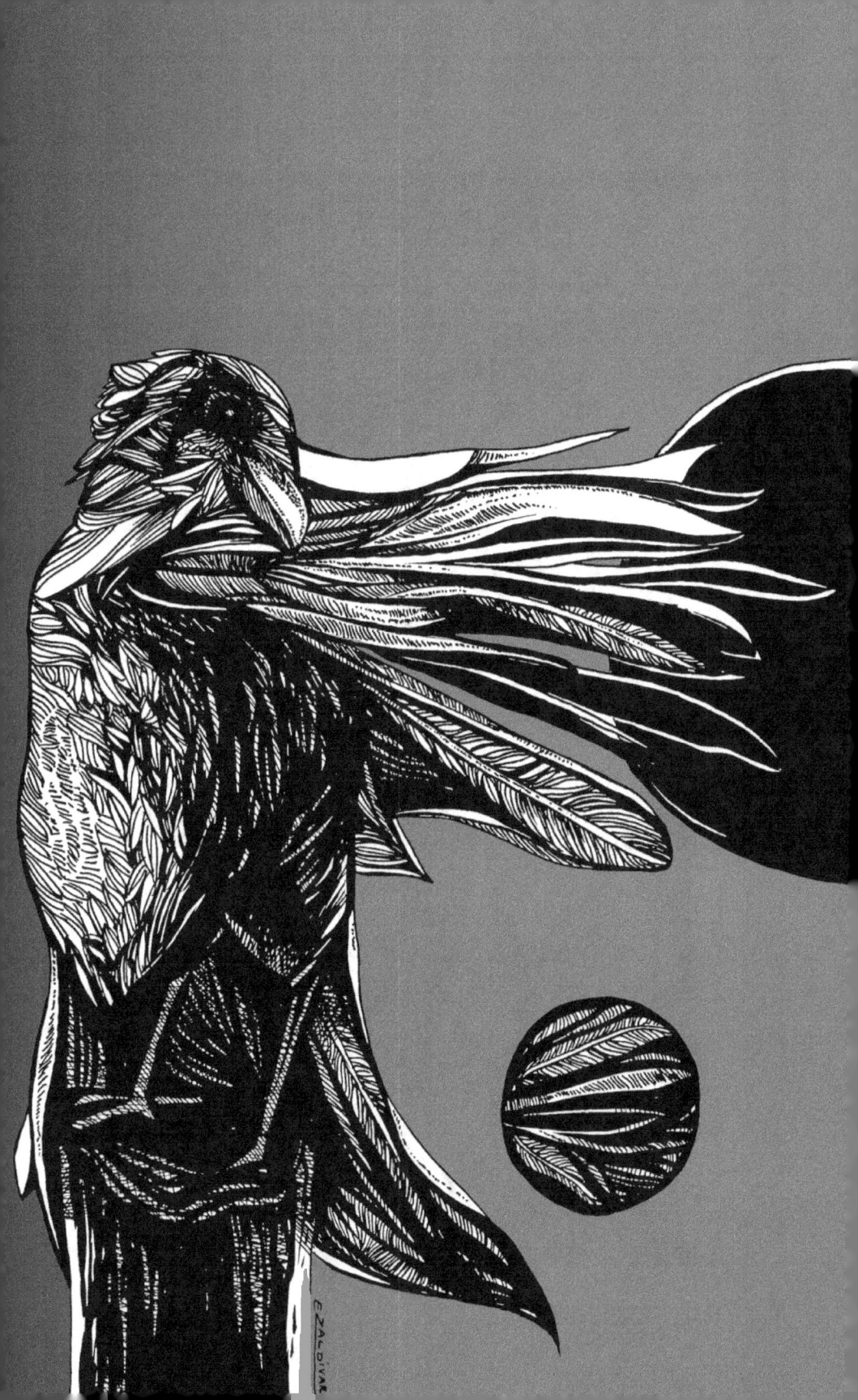

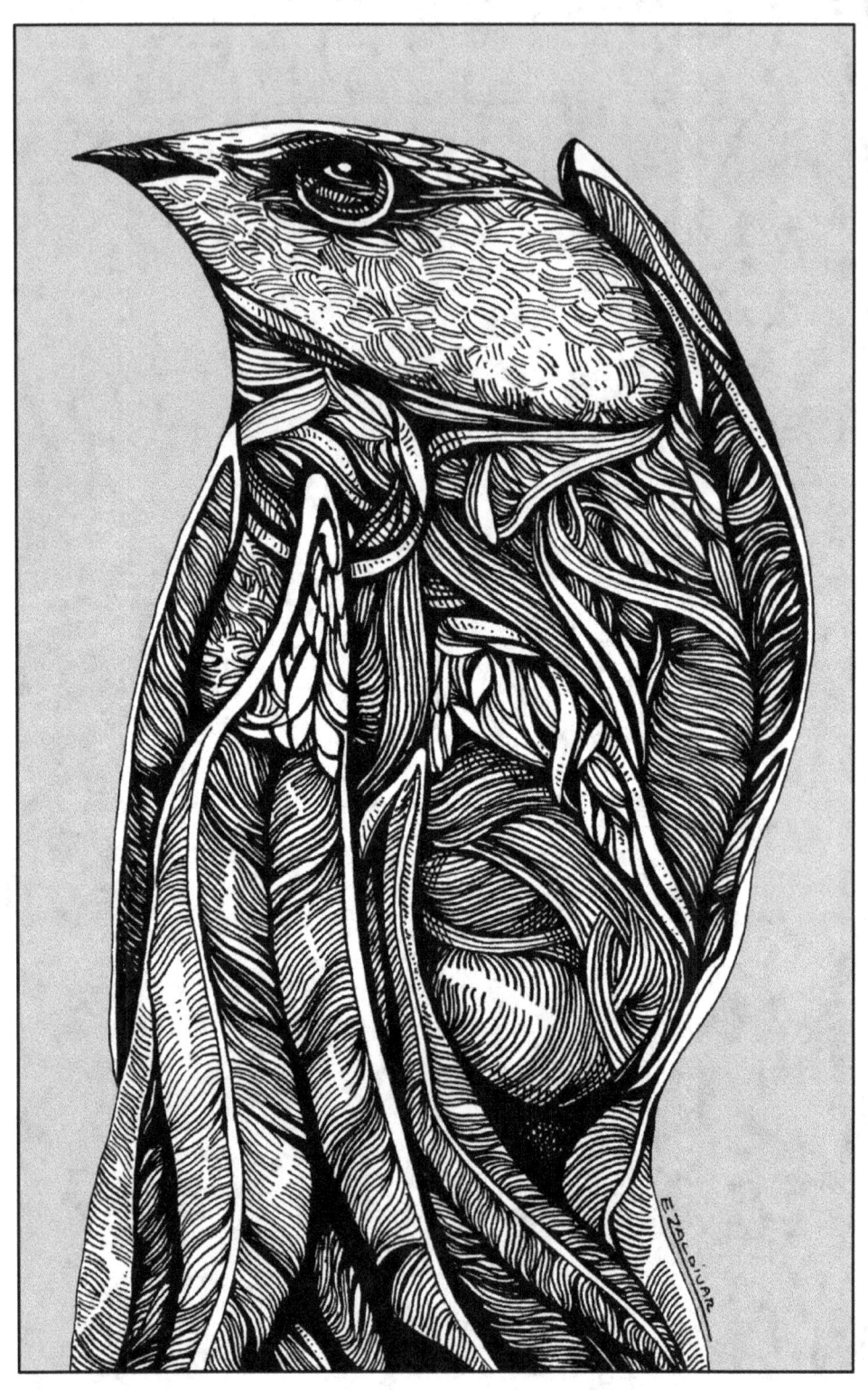

Contemplativo

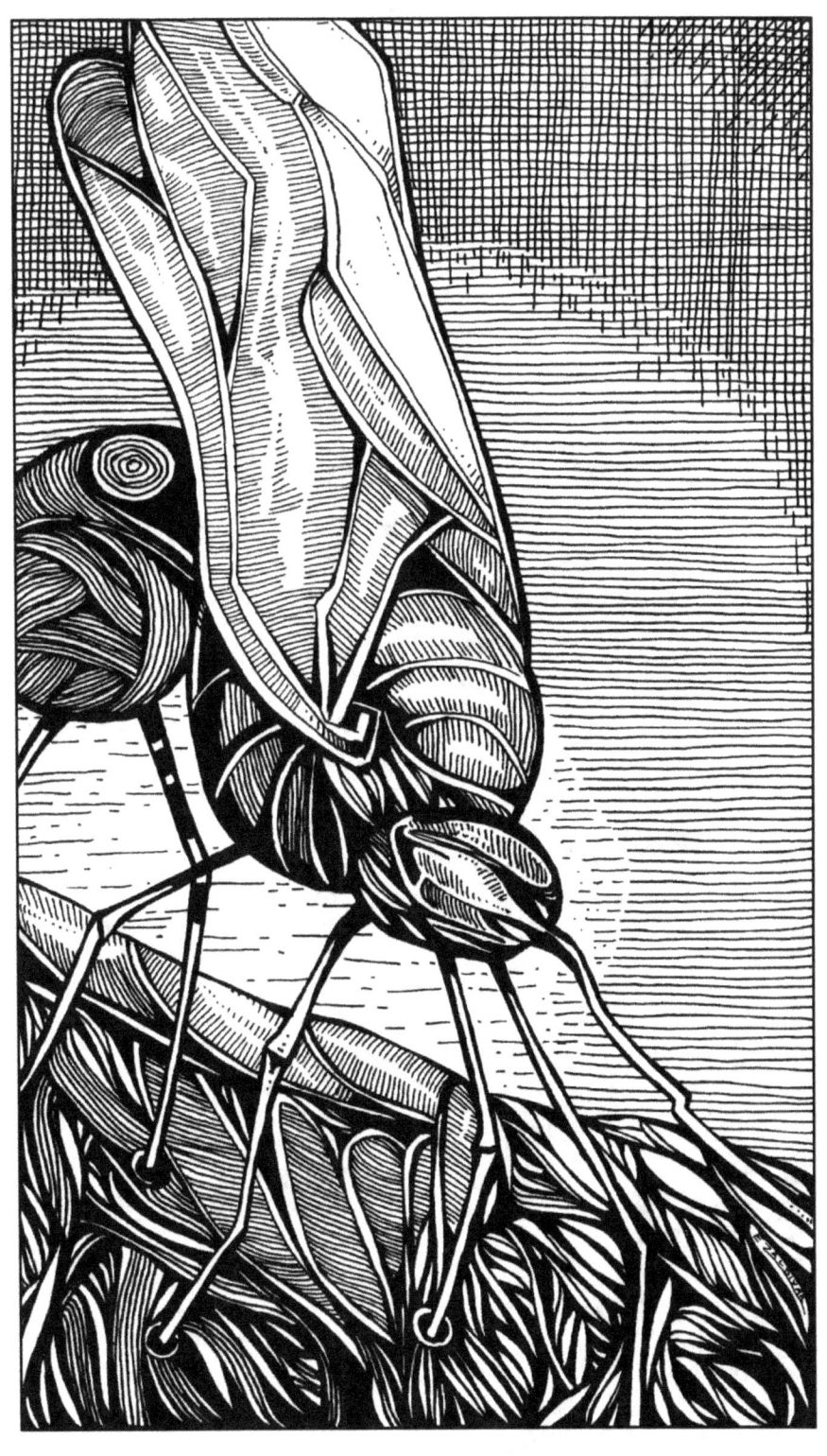

Insectos, luces y laberintos

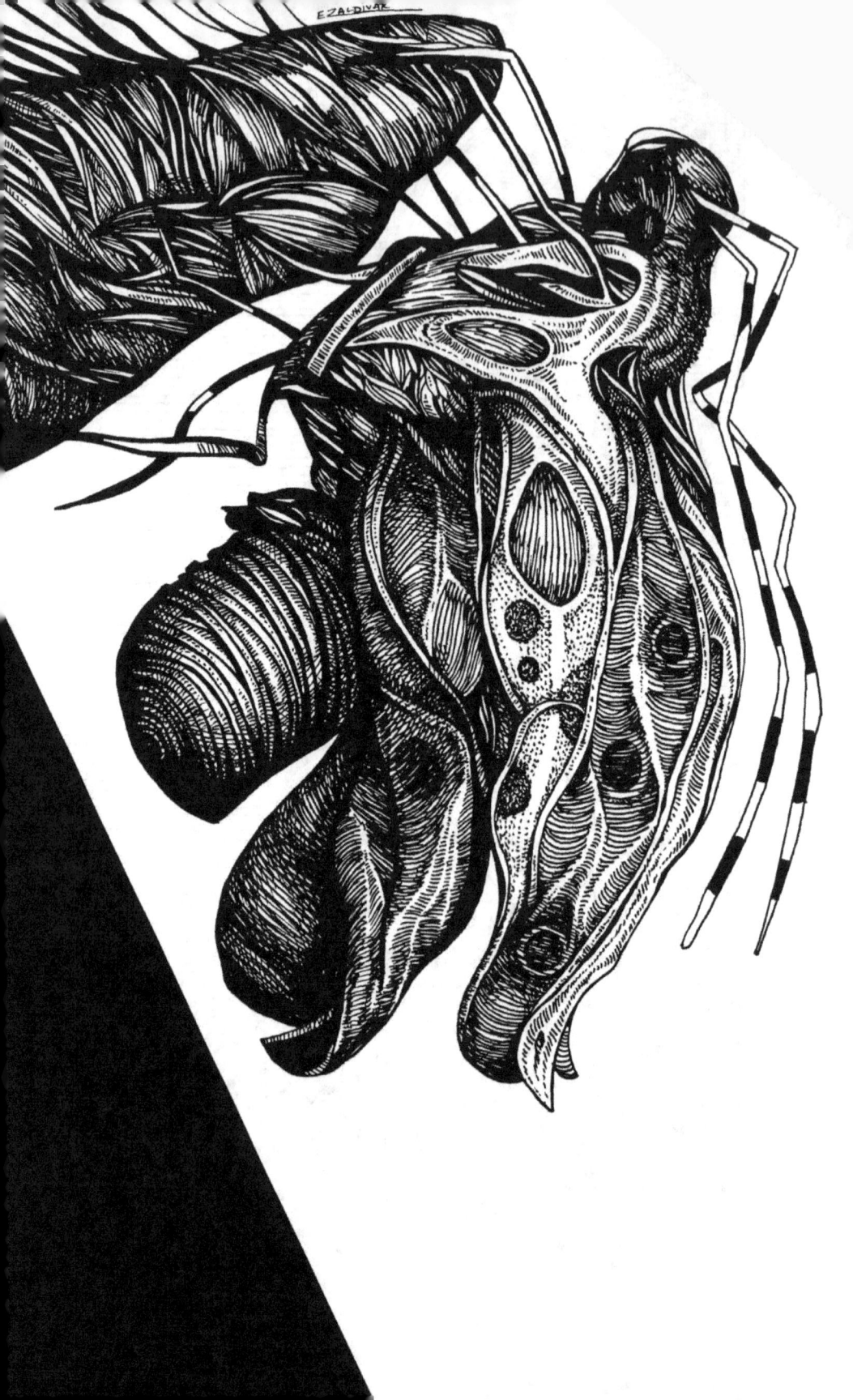

Metamorfosis infinita

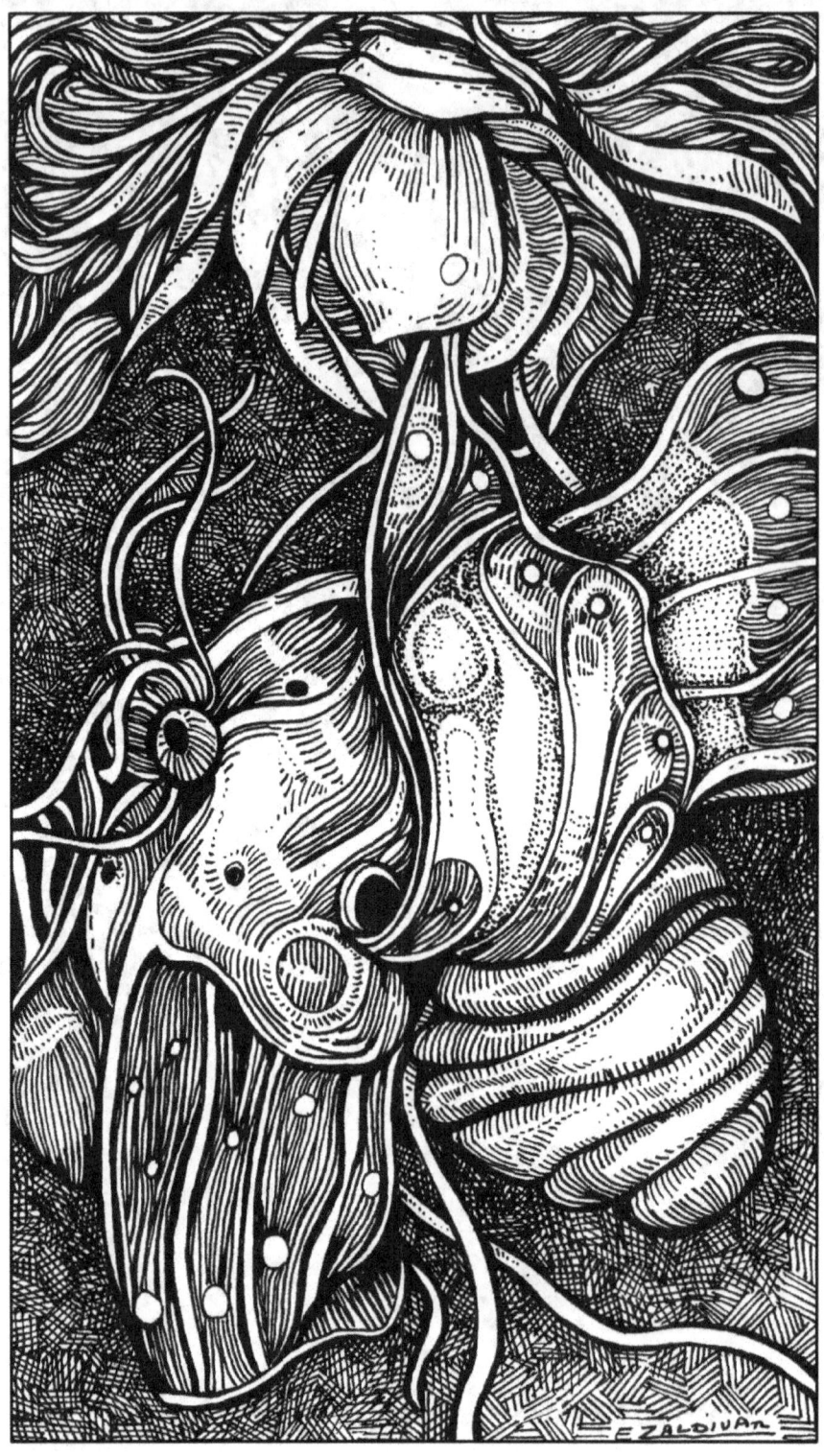

Crisálida

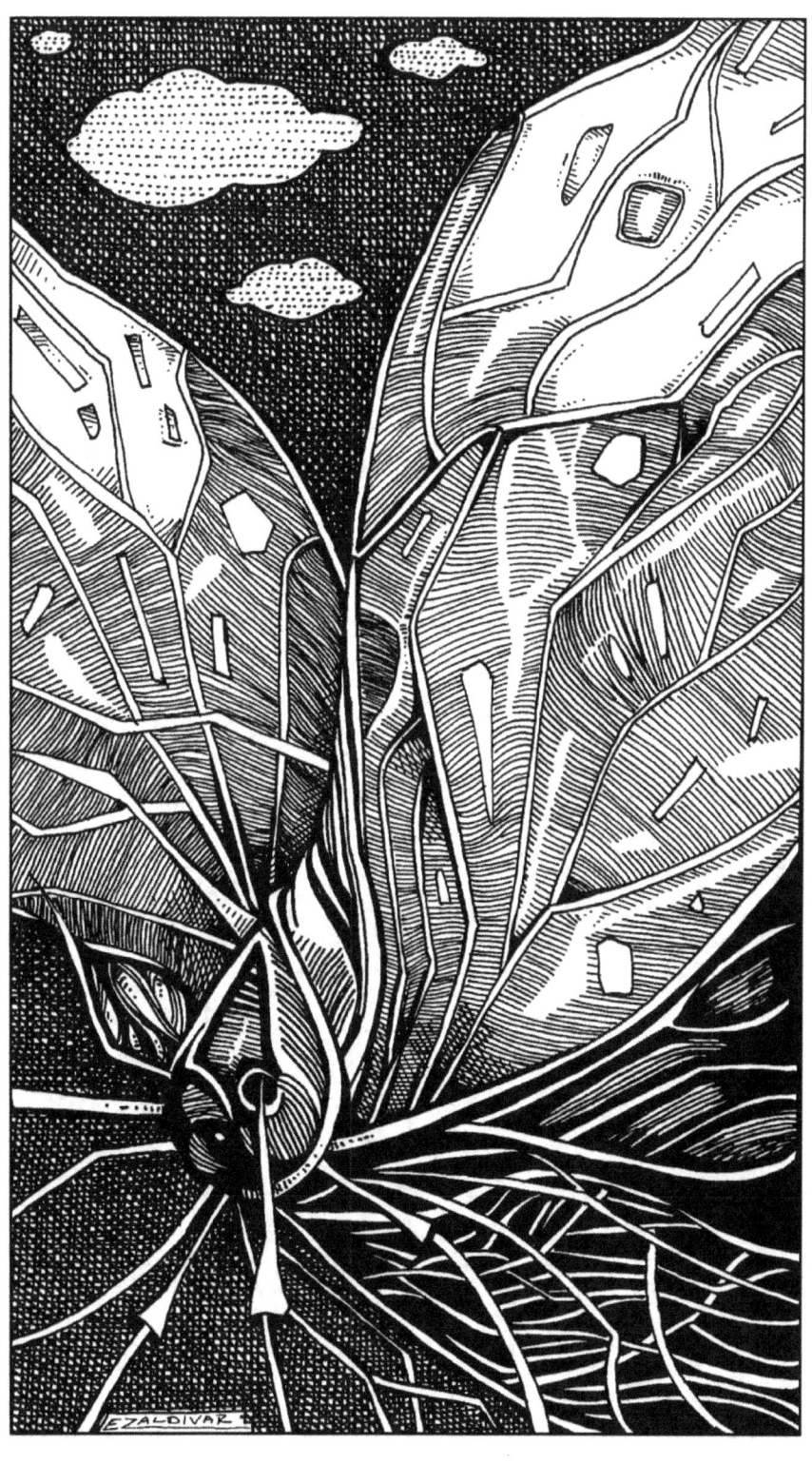

El vuelo de las mariposas

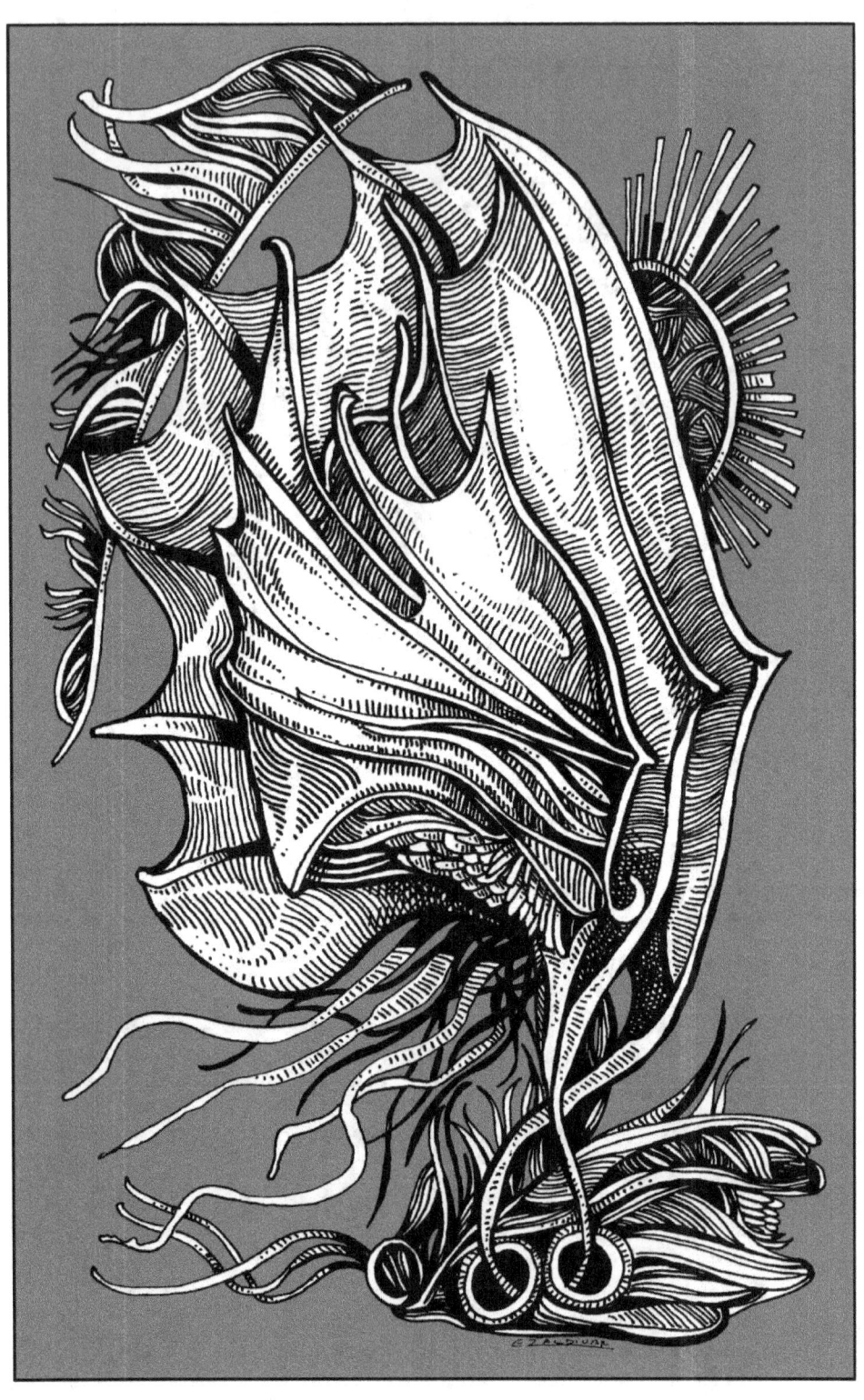

Ángel caído

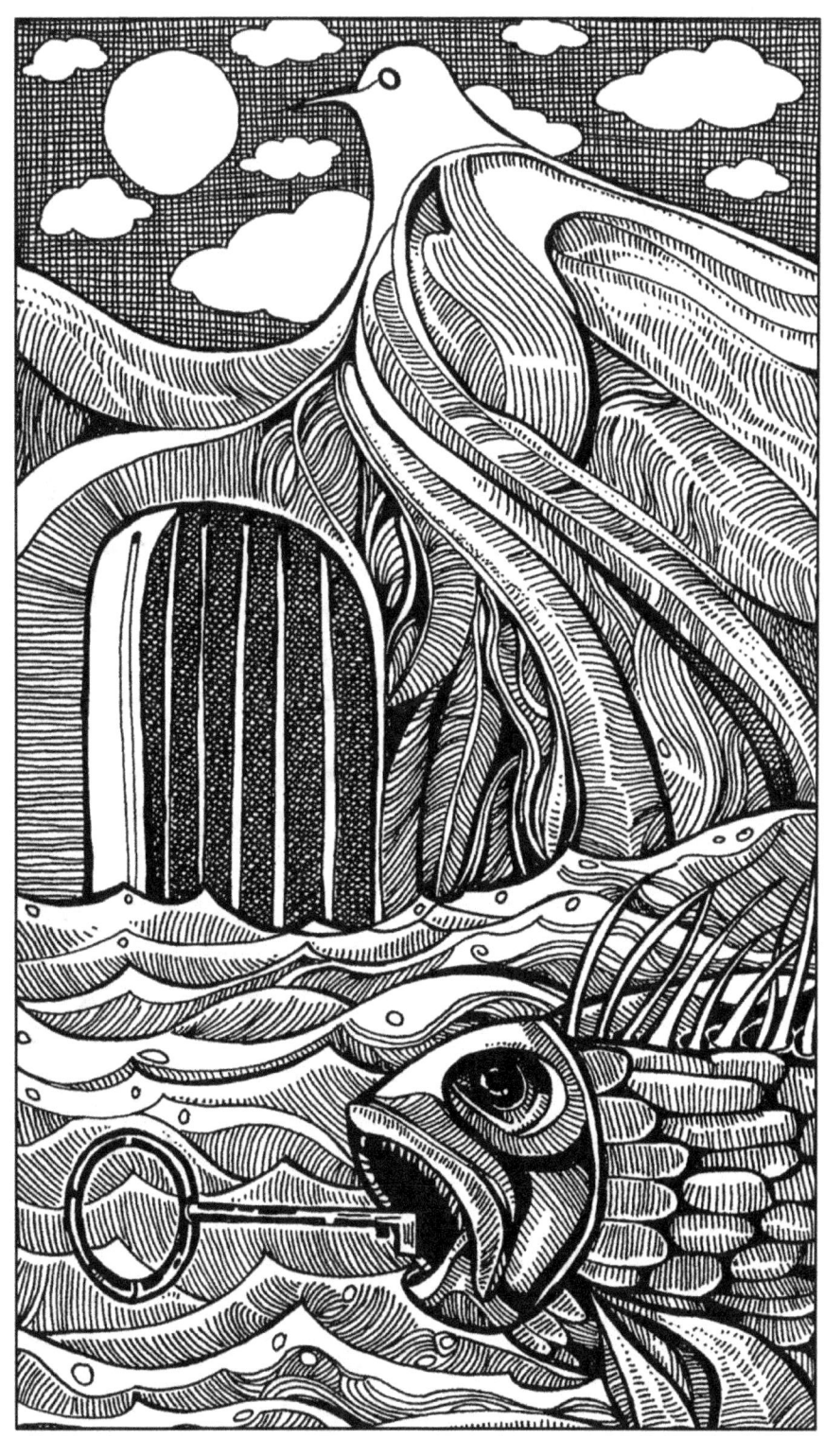

Espiral de paradojas

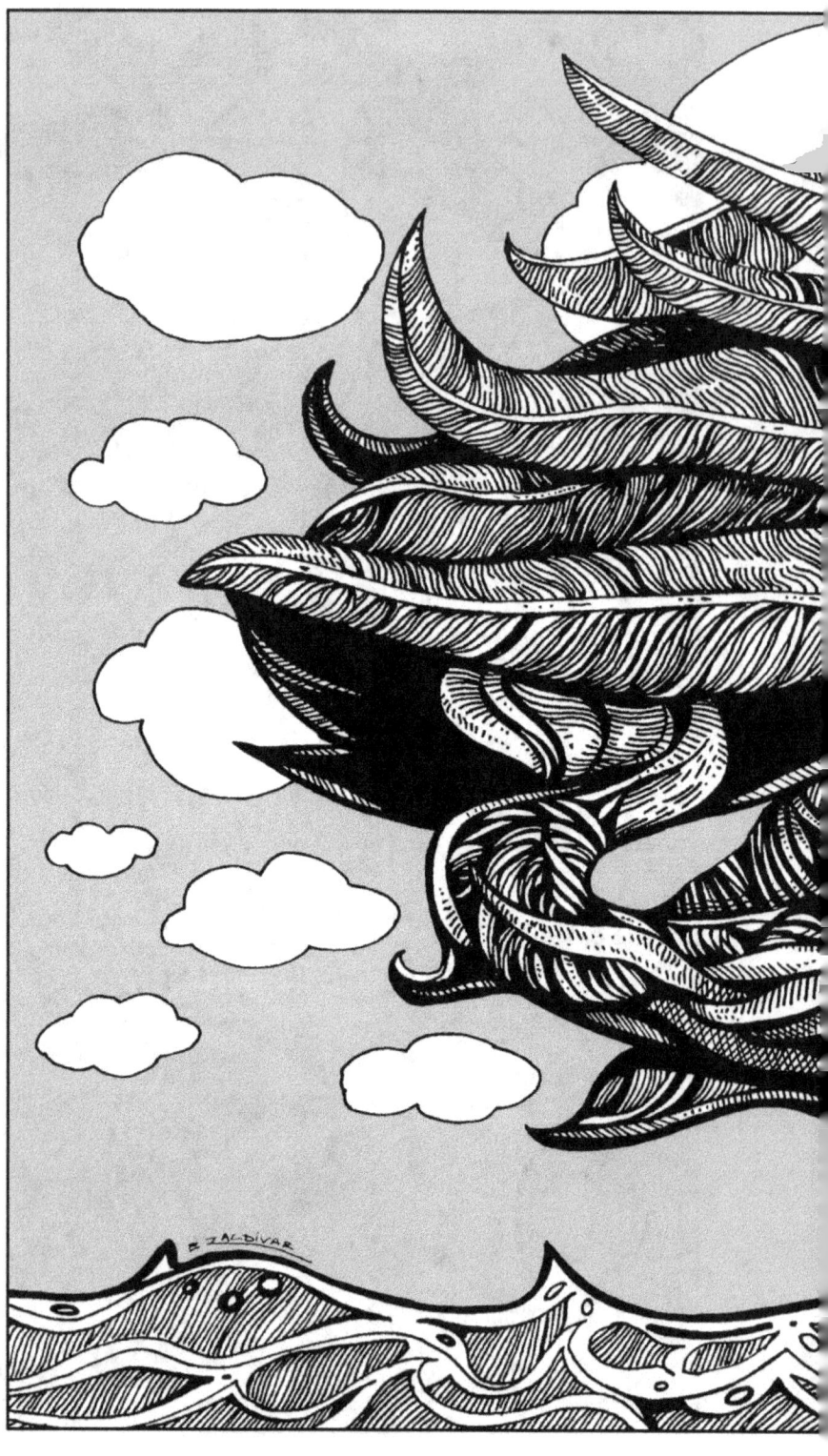

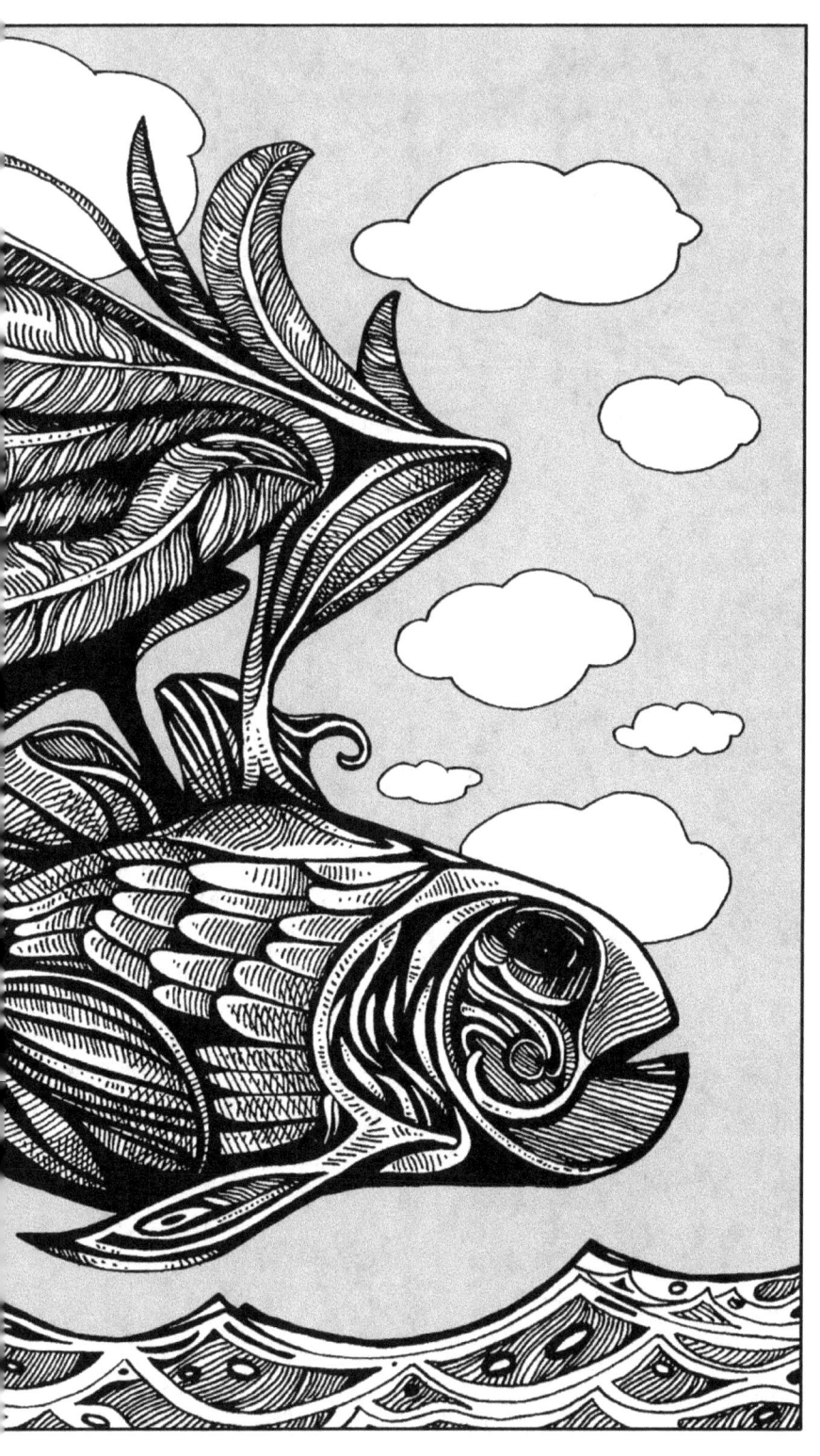

Todos los peces sueñan con volar

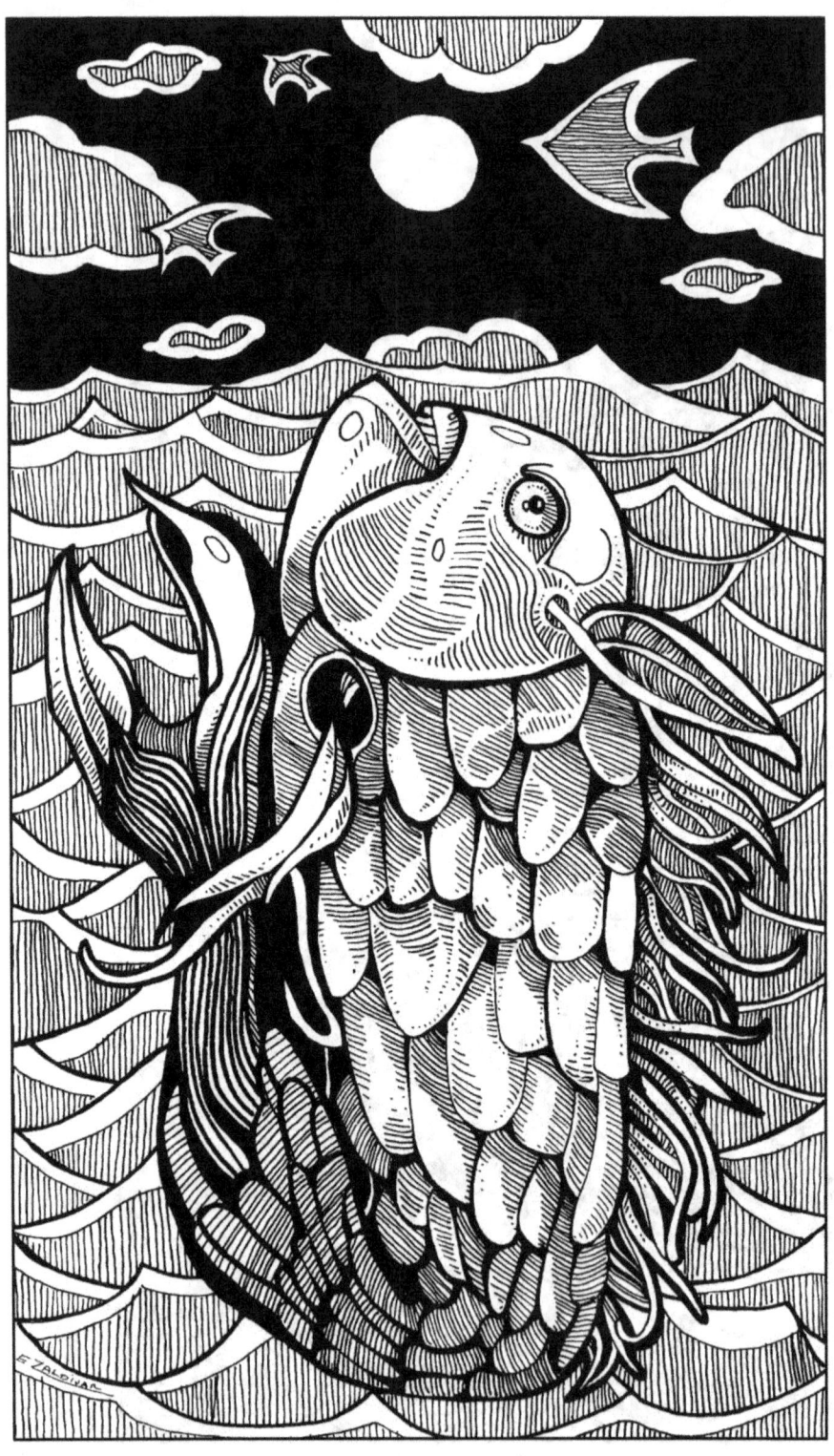

Incongruencia

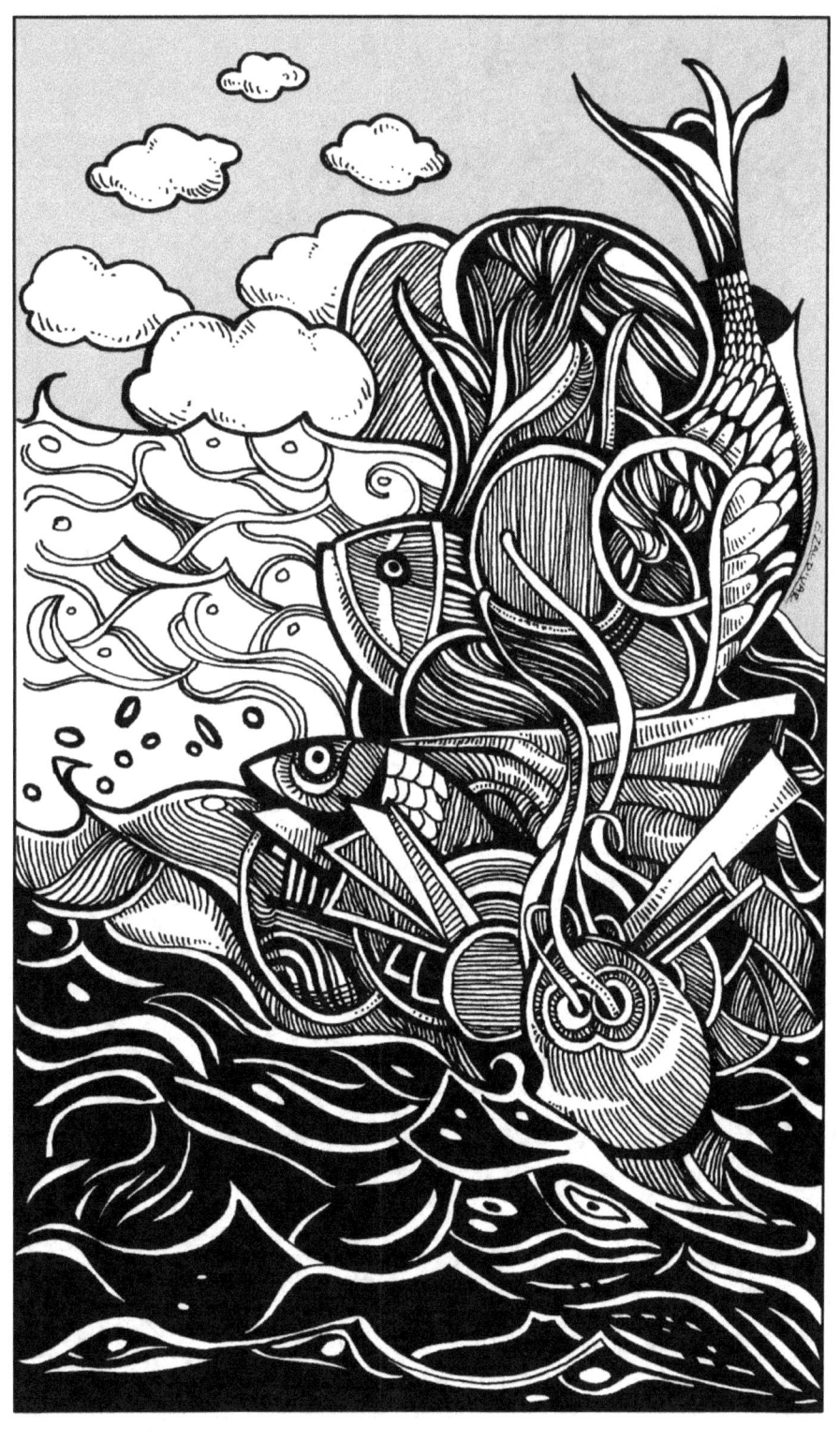

Movidos por la tormenta

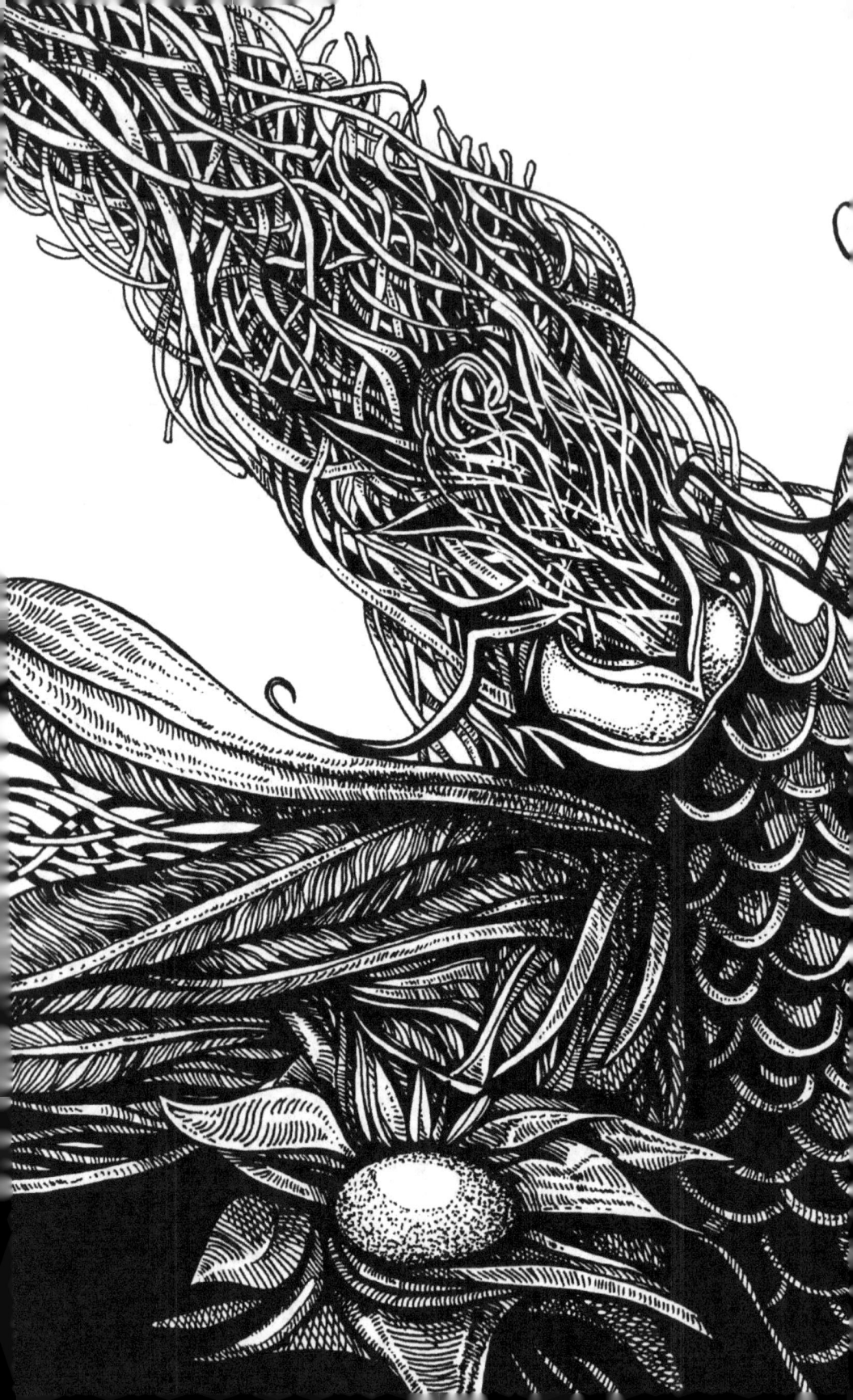

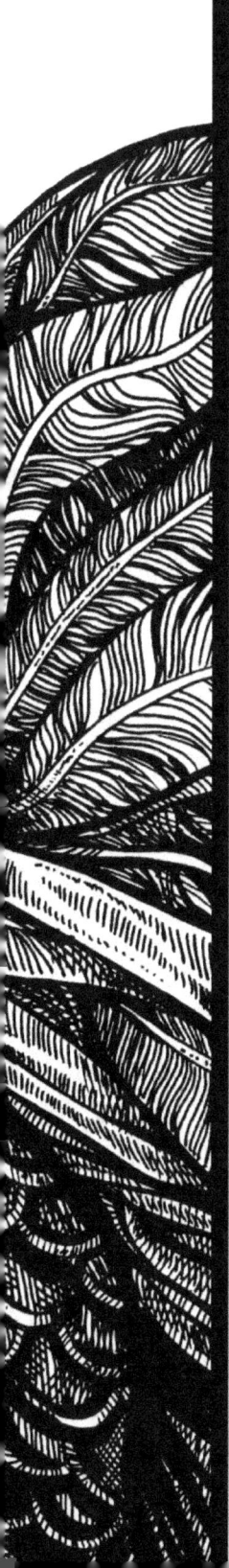

Pez náufrago

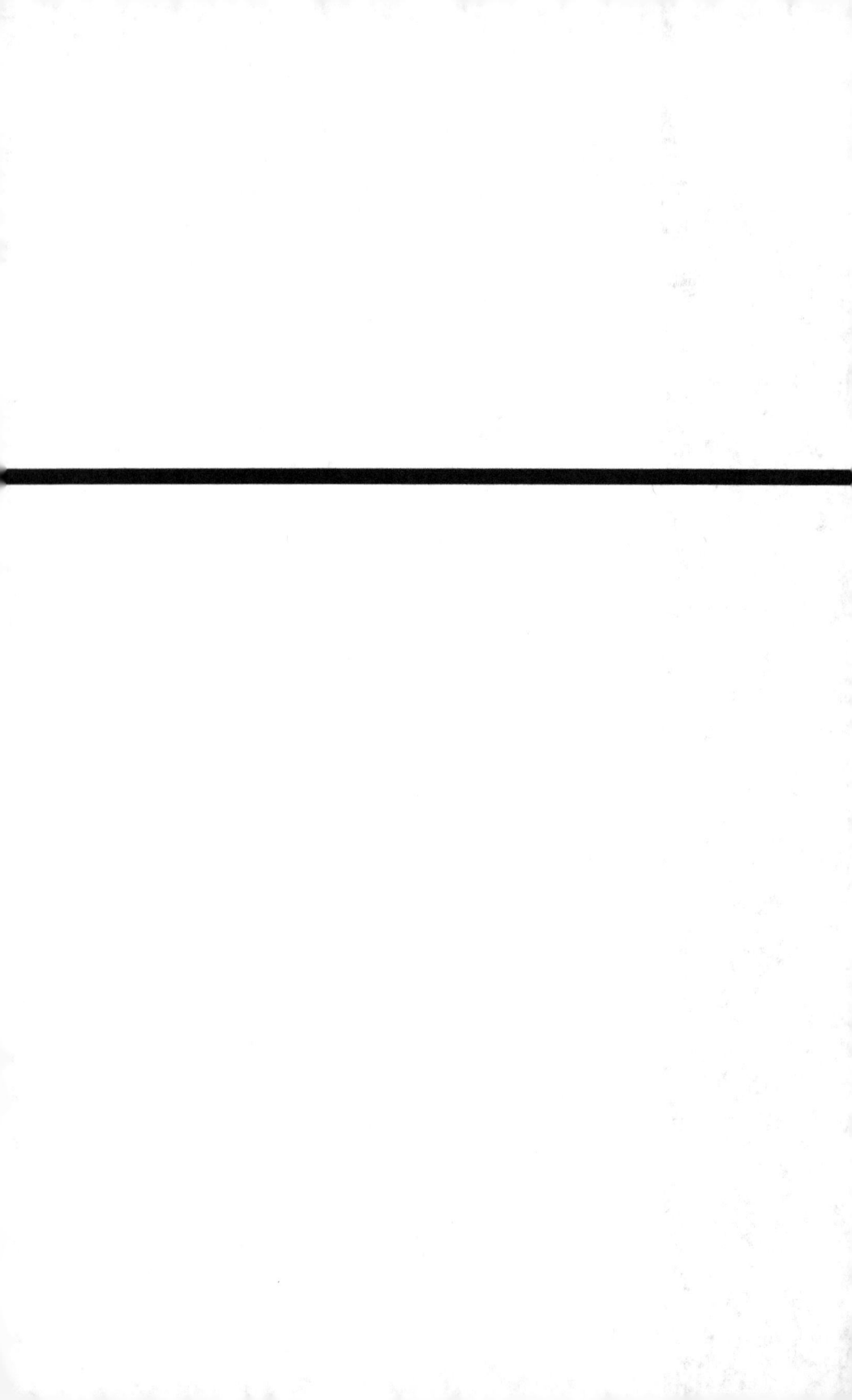

El viaje

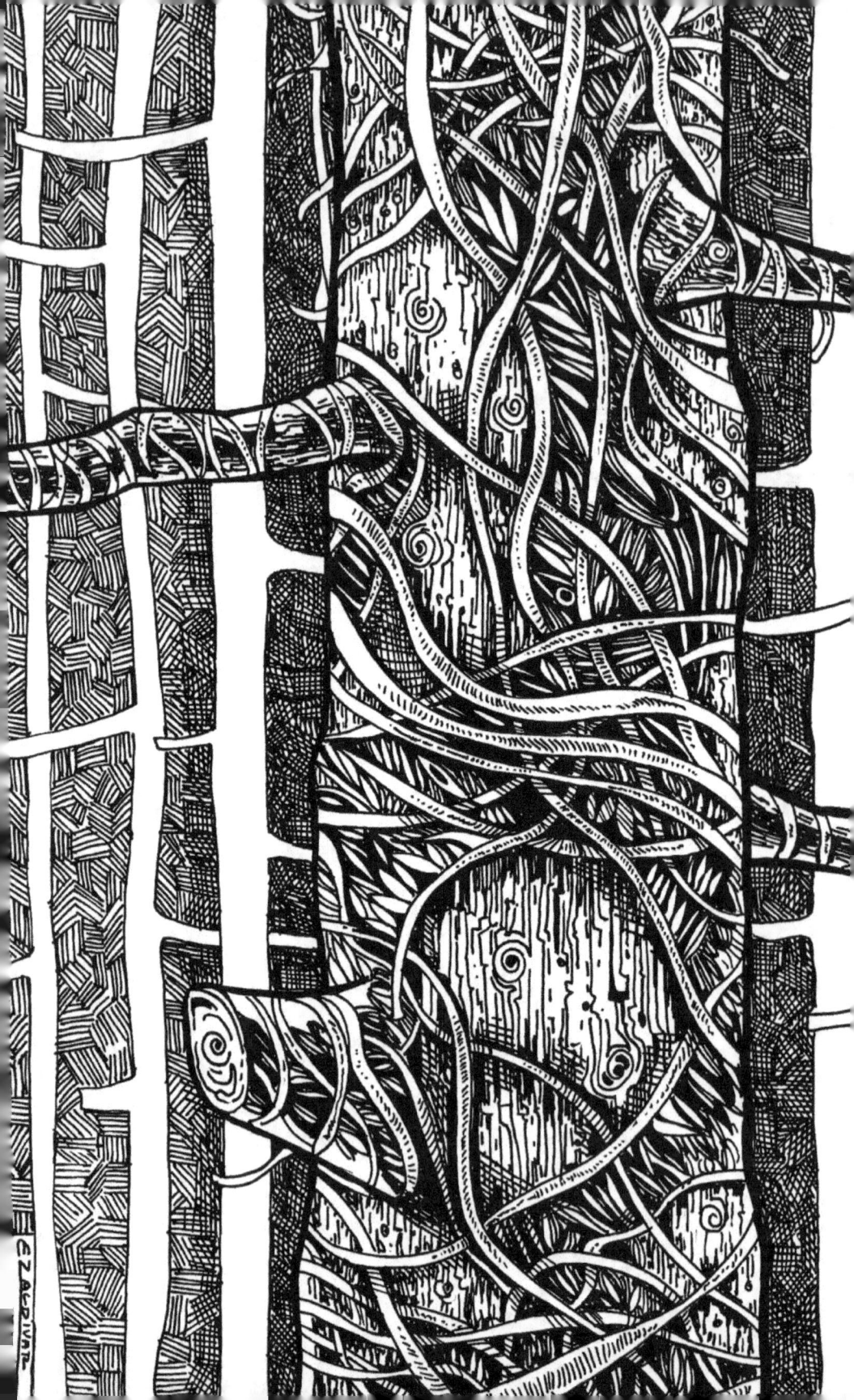

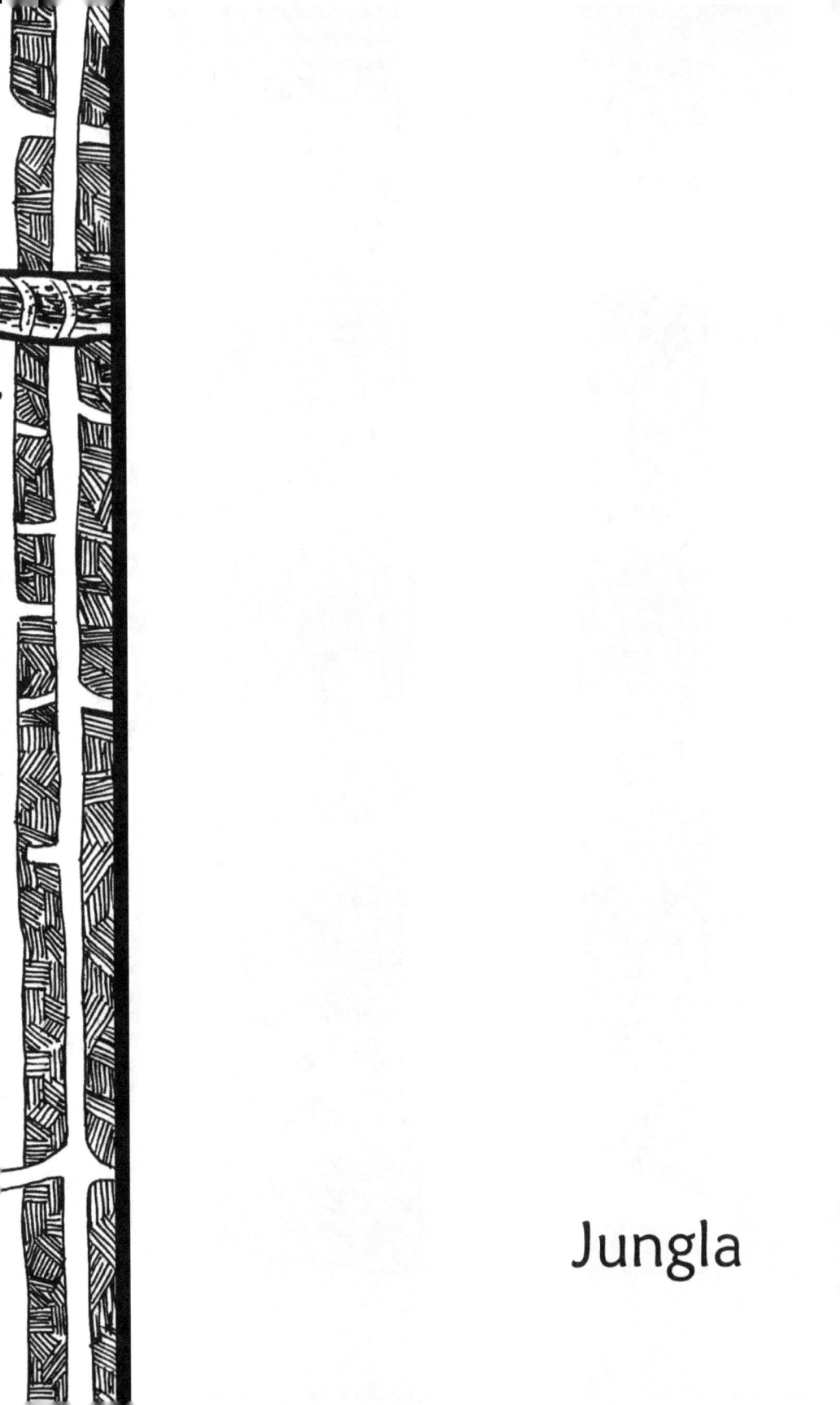

Jungla

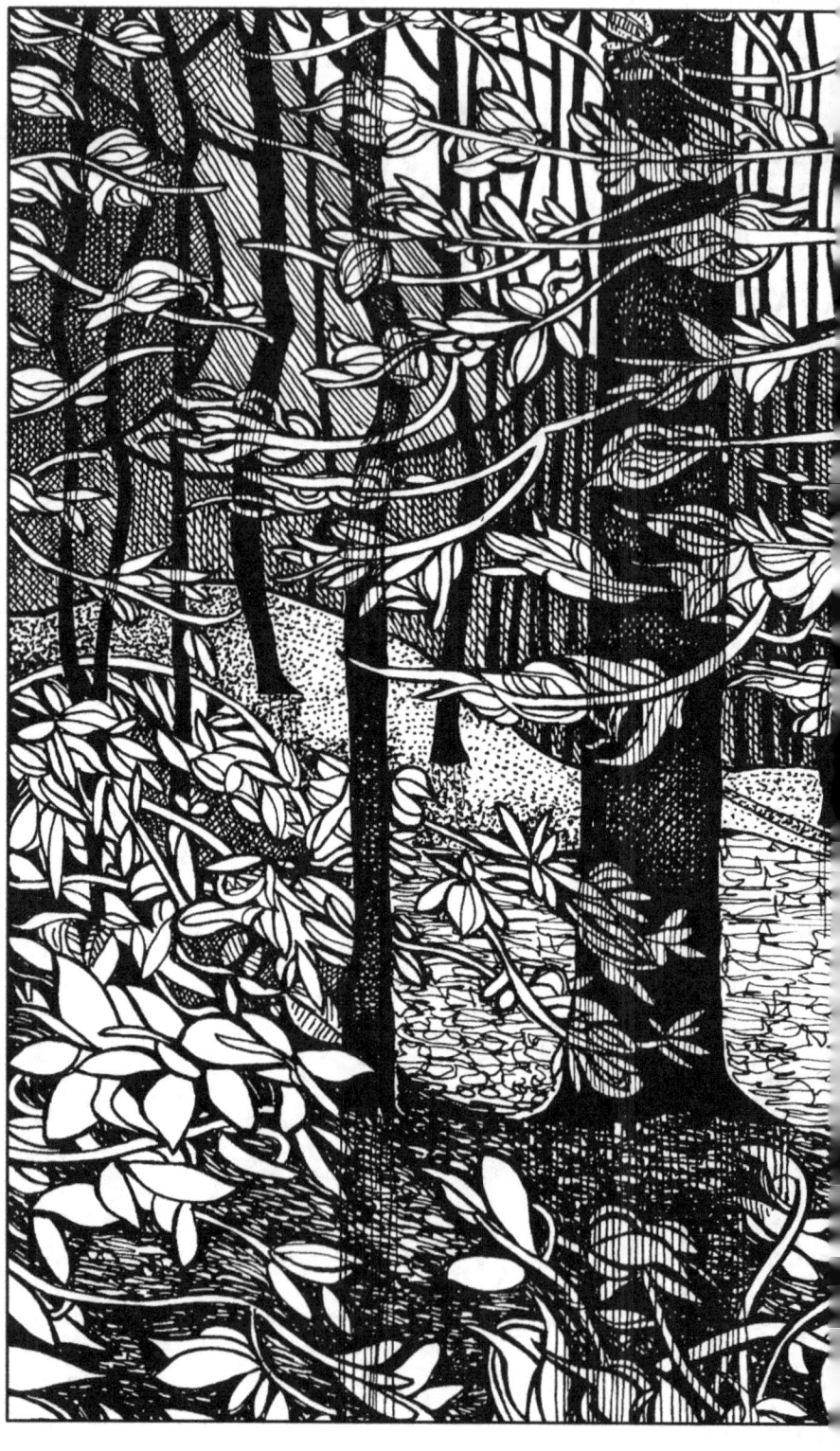

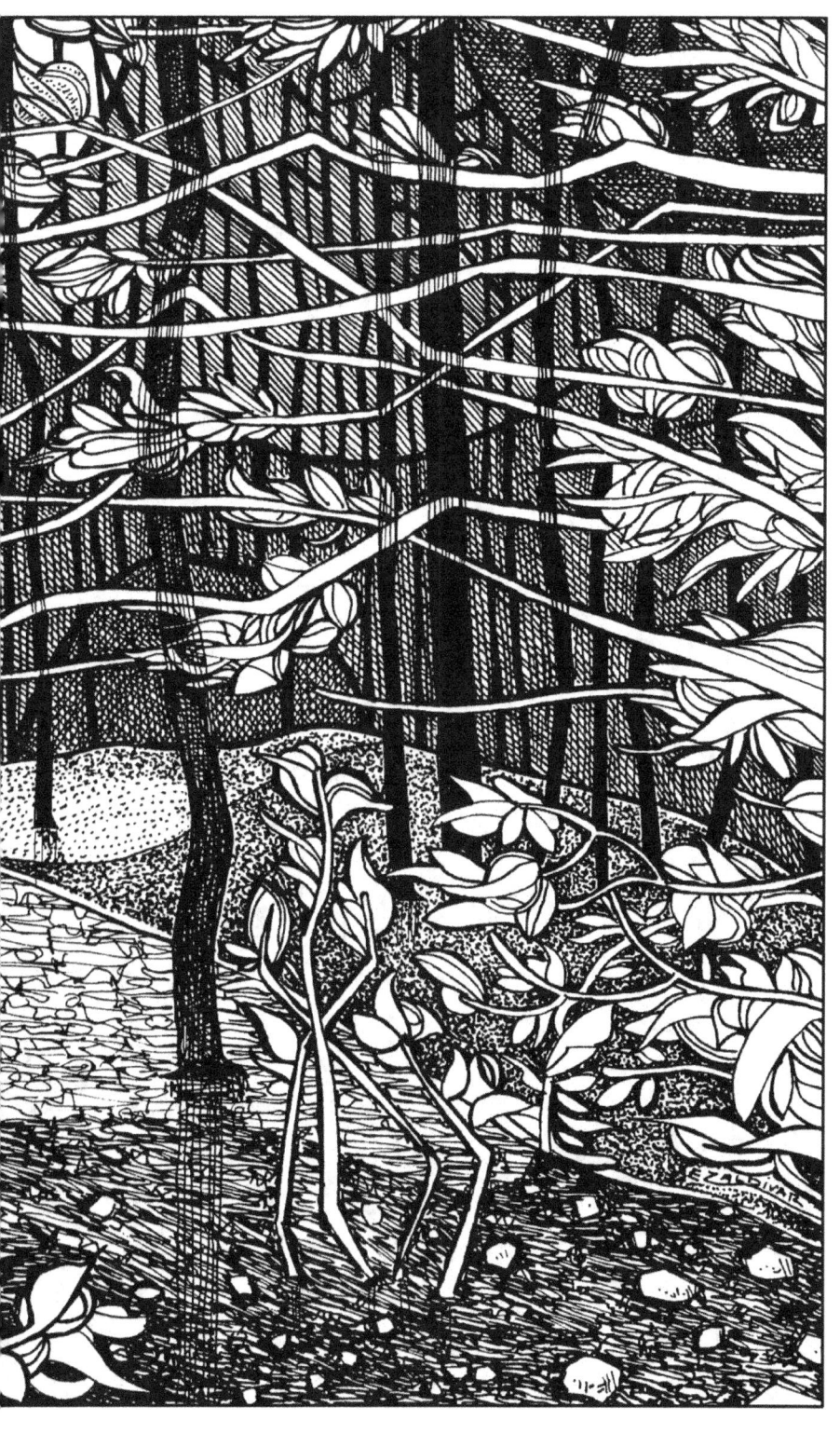

Perdidos en el bosque

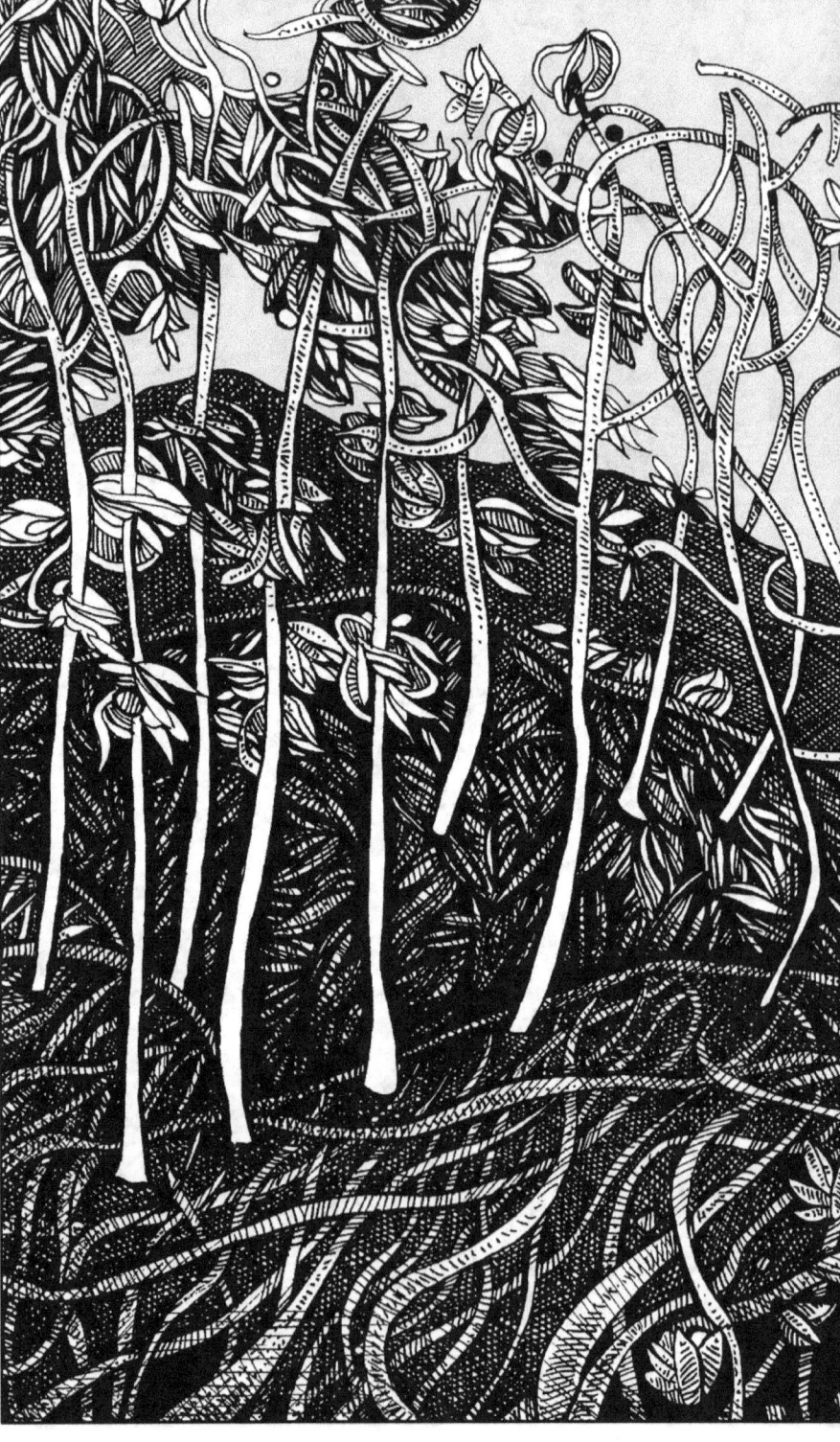

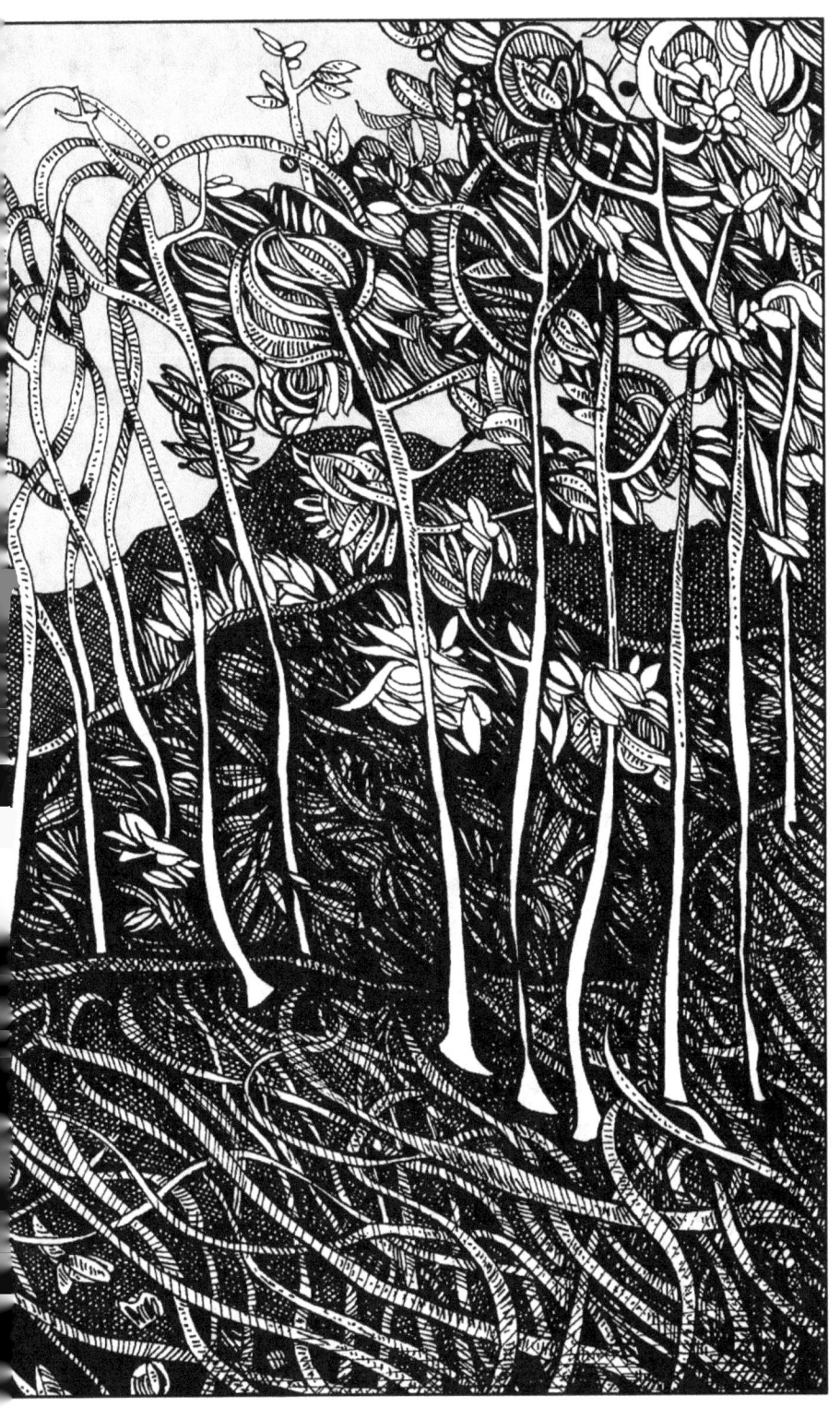

Horizonte incierto

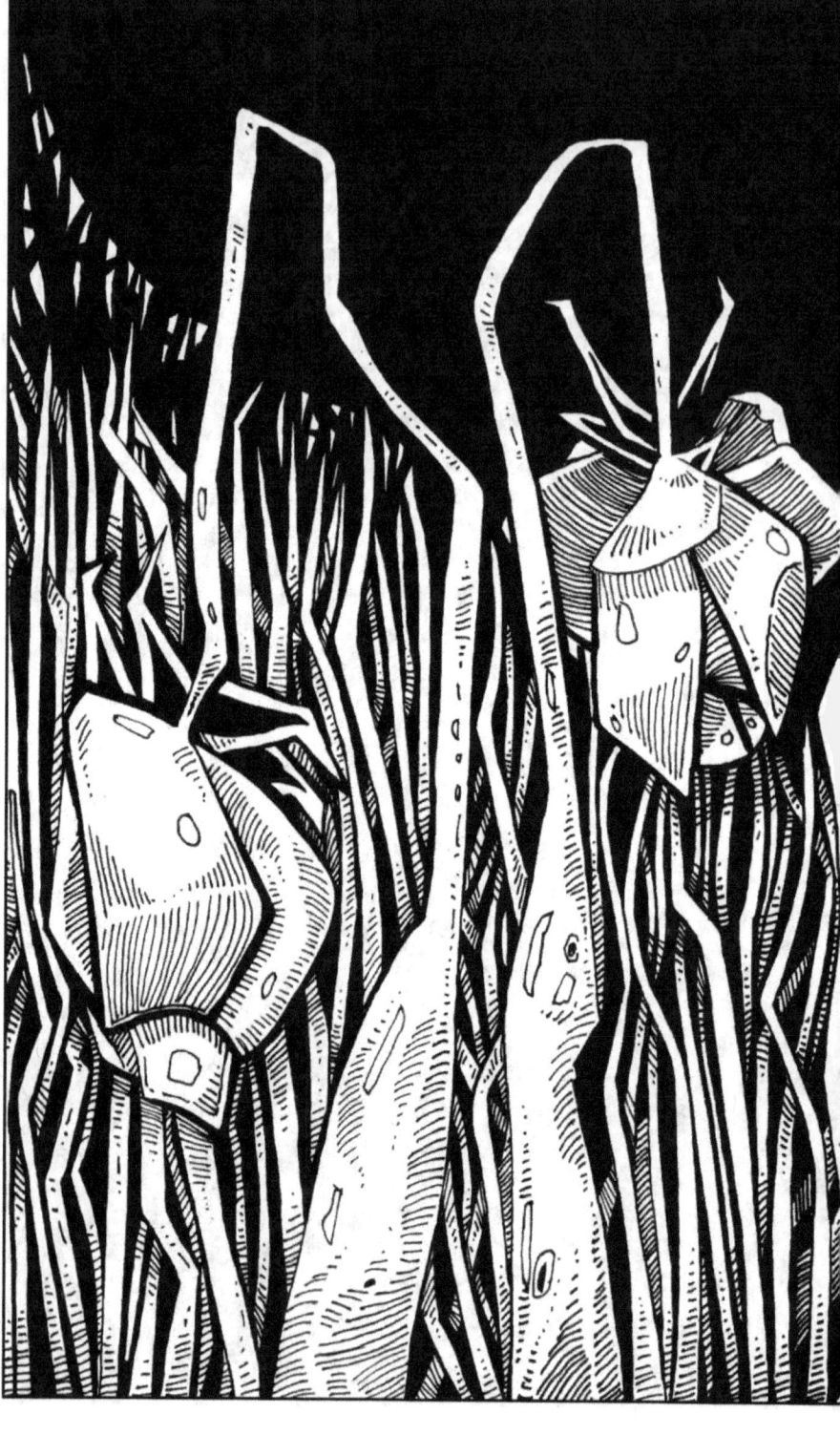

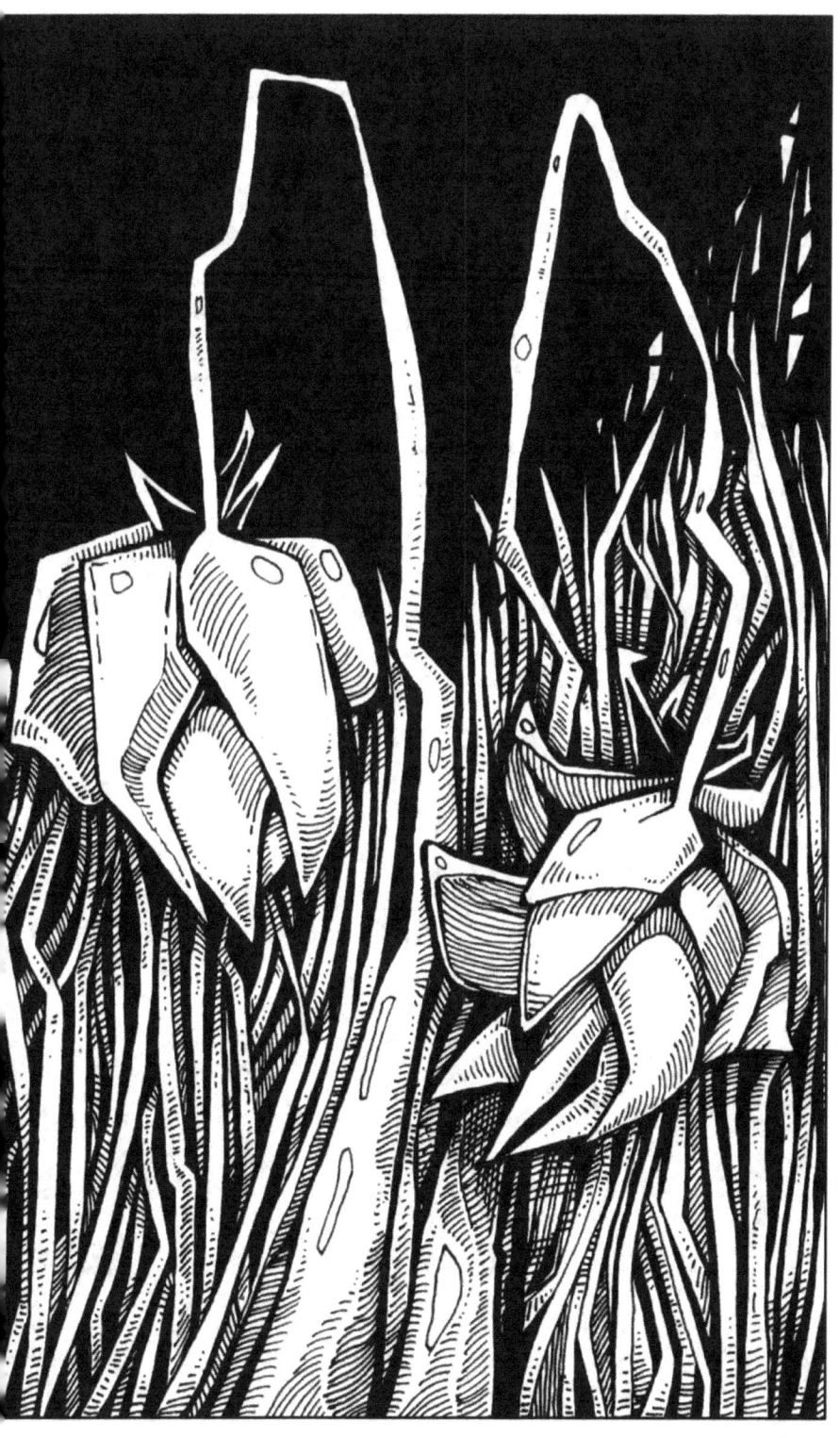

Flores exóticas

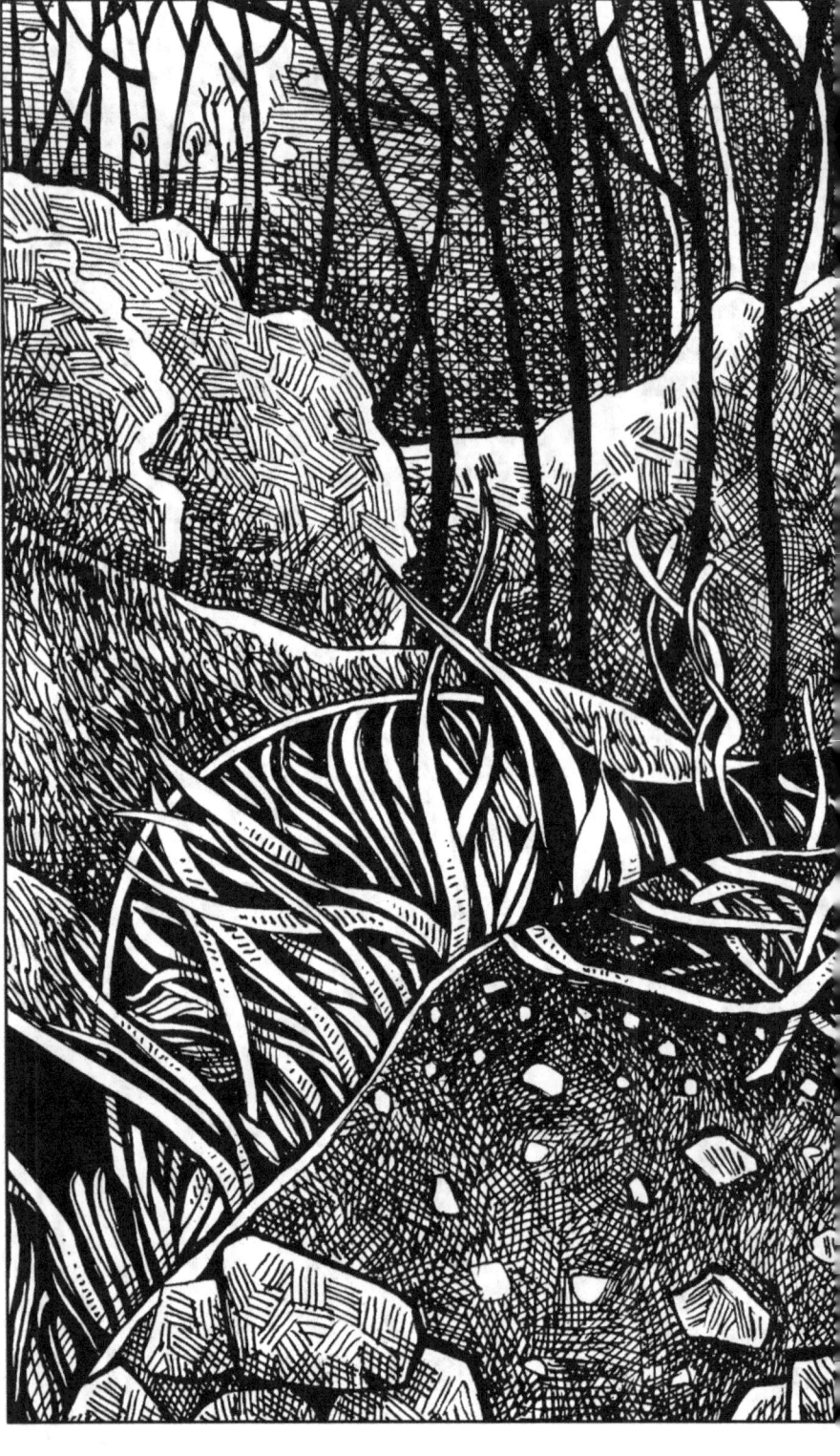

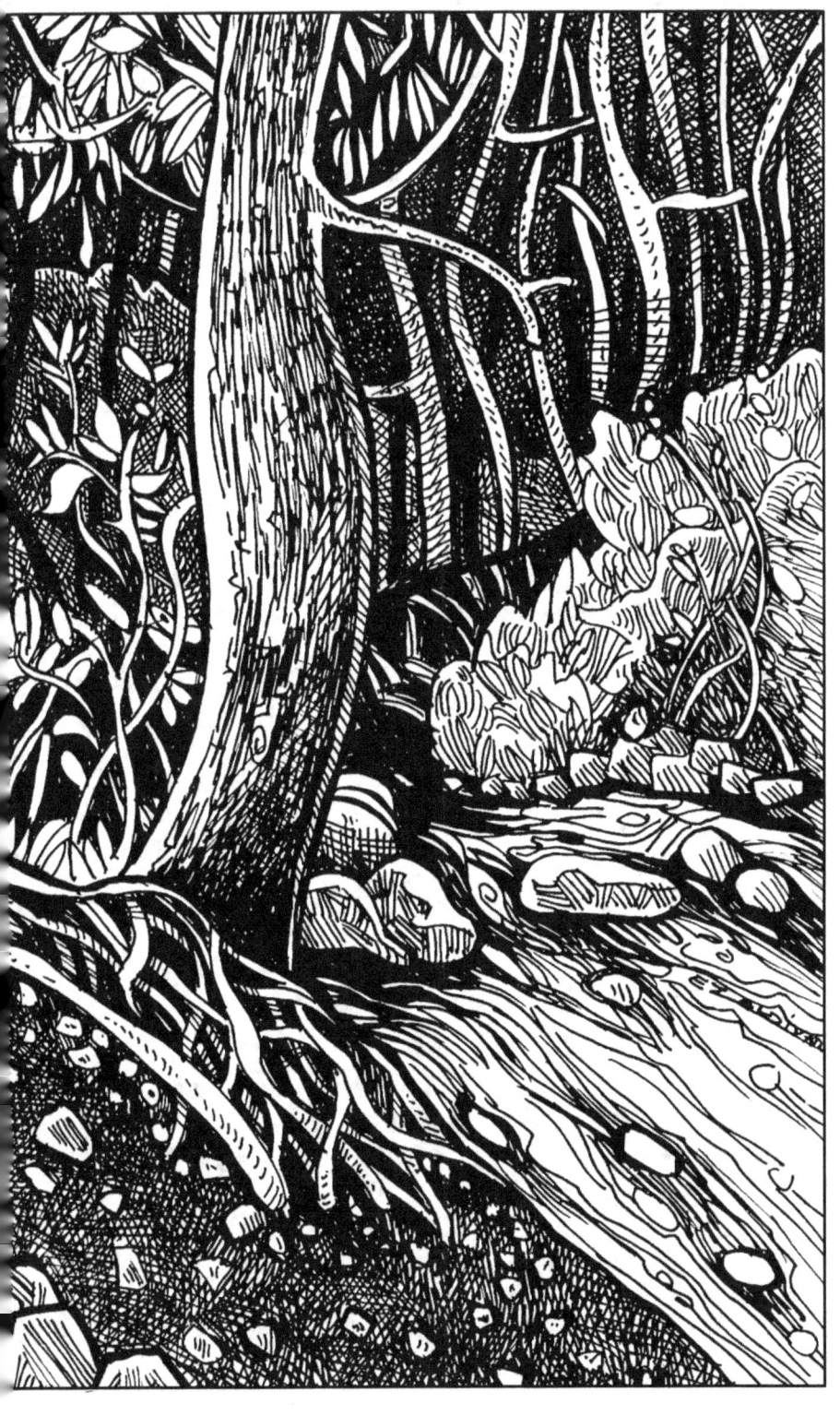

Atisbo de luz

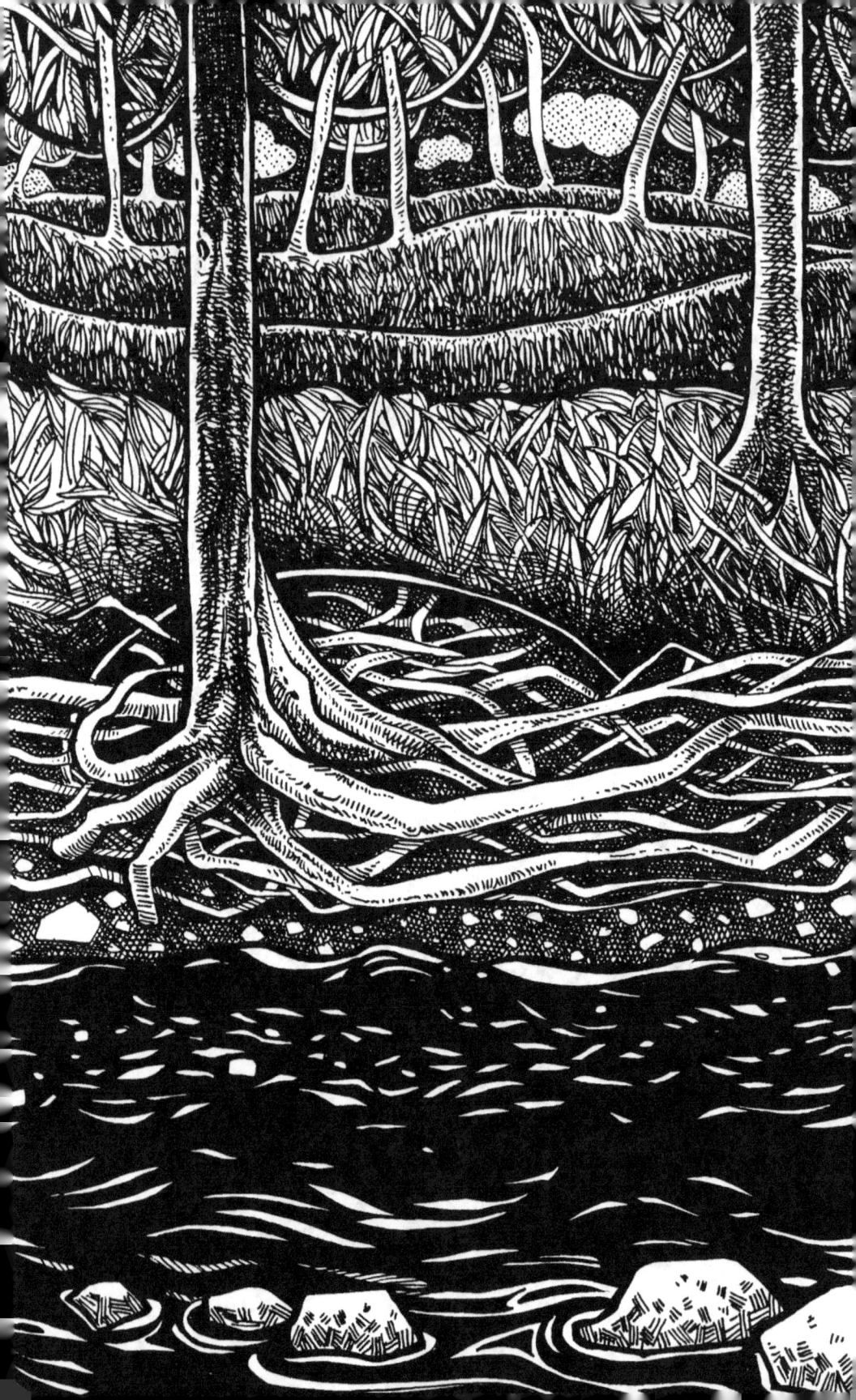

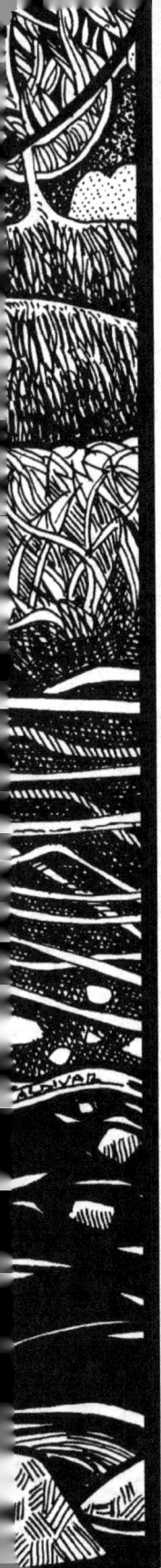

El curso de las aguas

Paisaje idílico

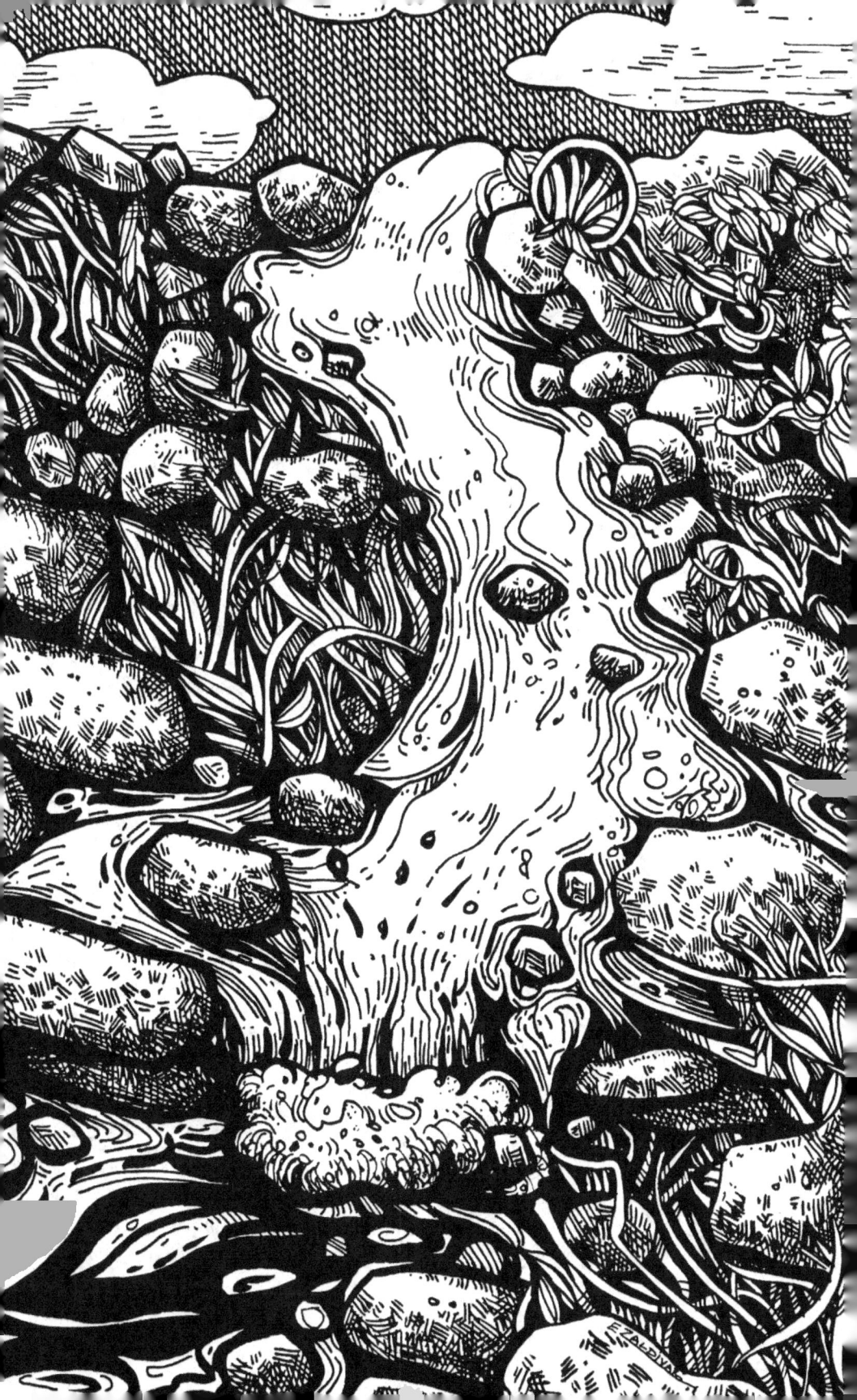

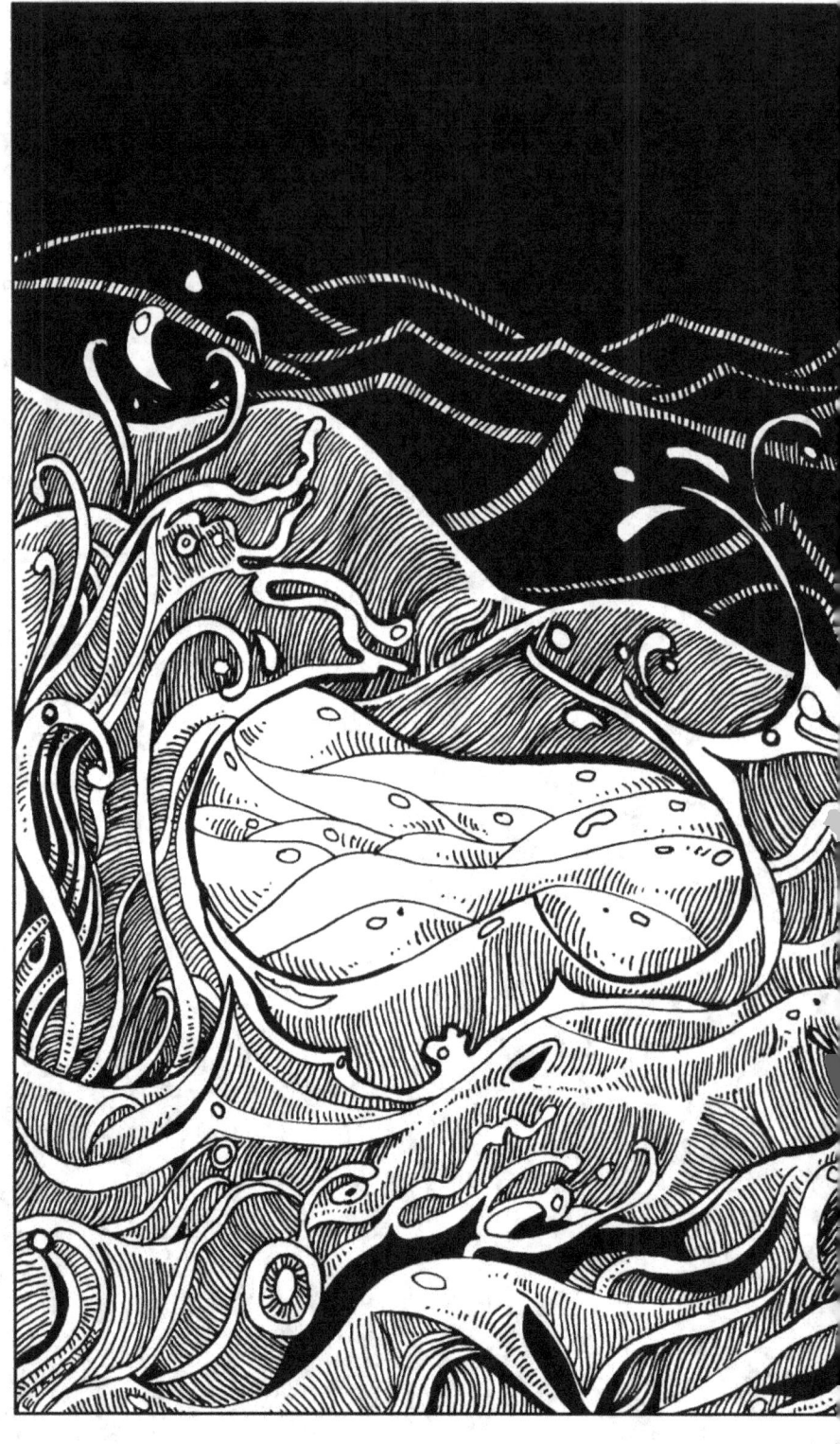

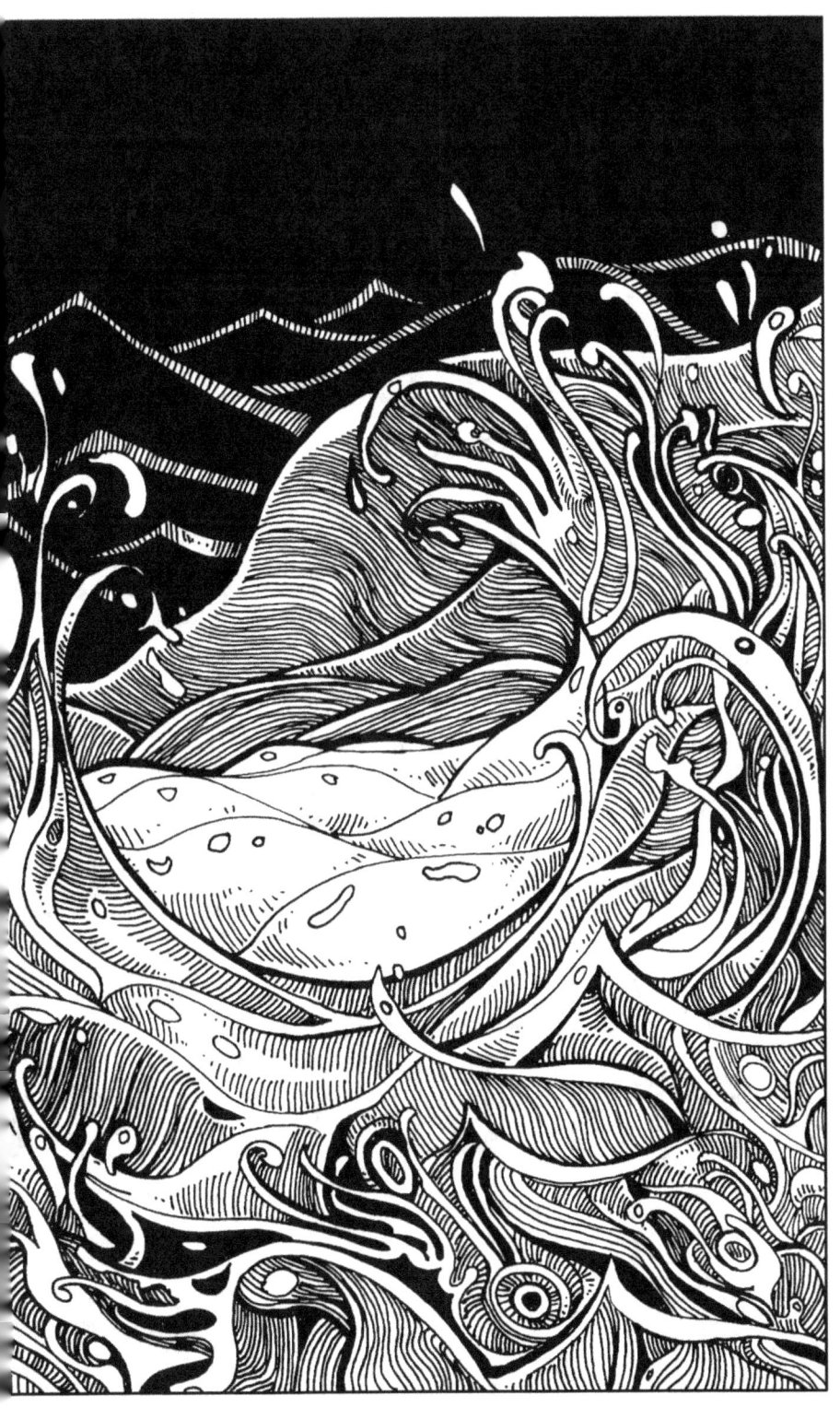

Aguas turbulentas

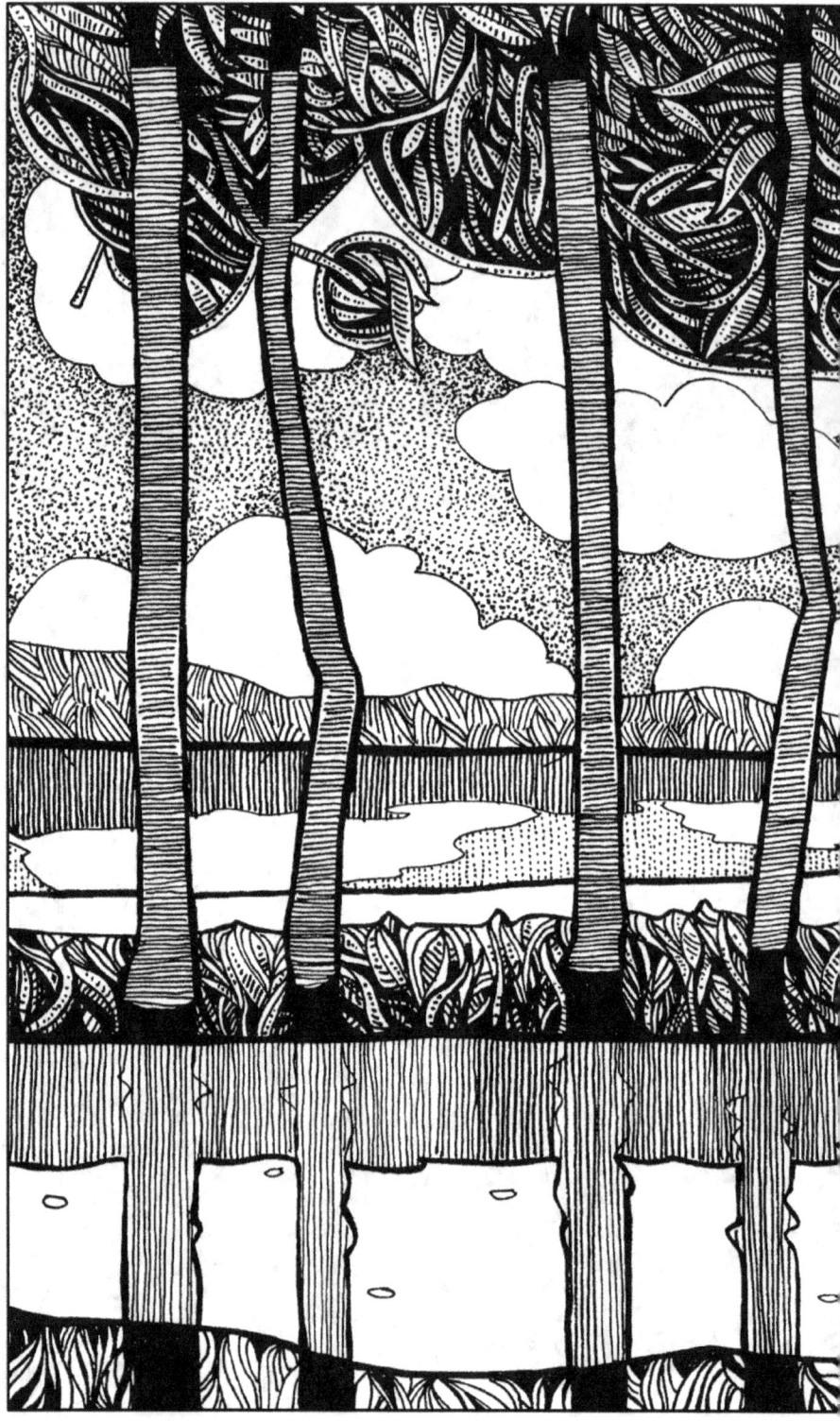

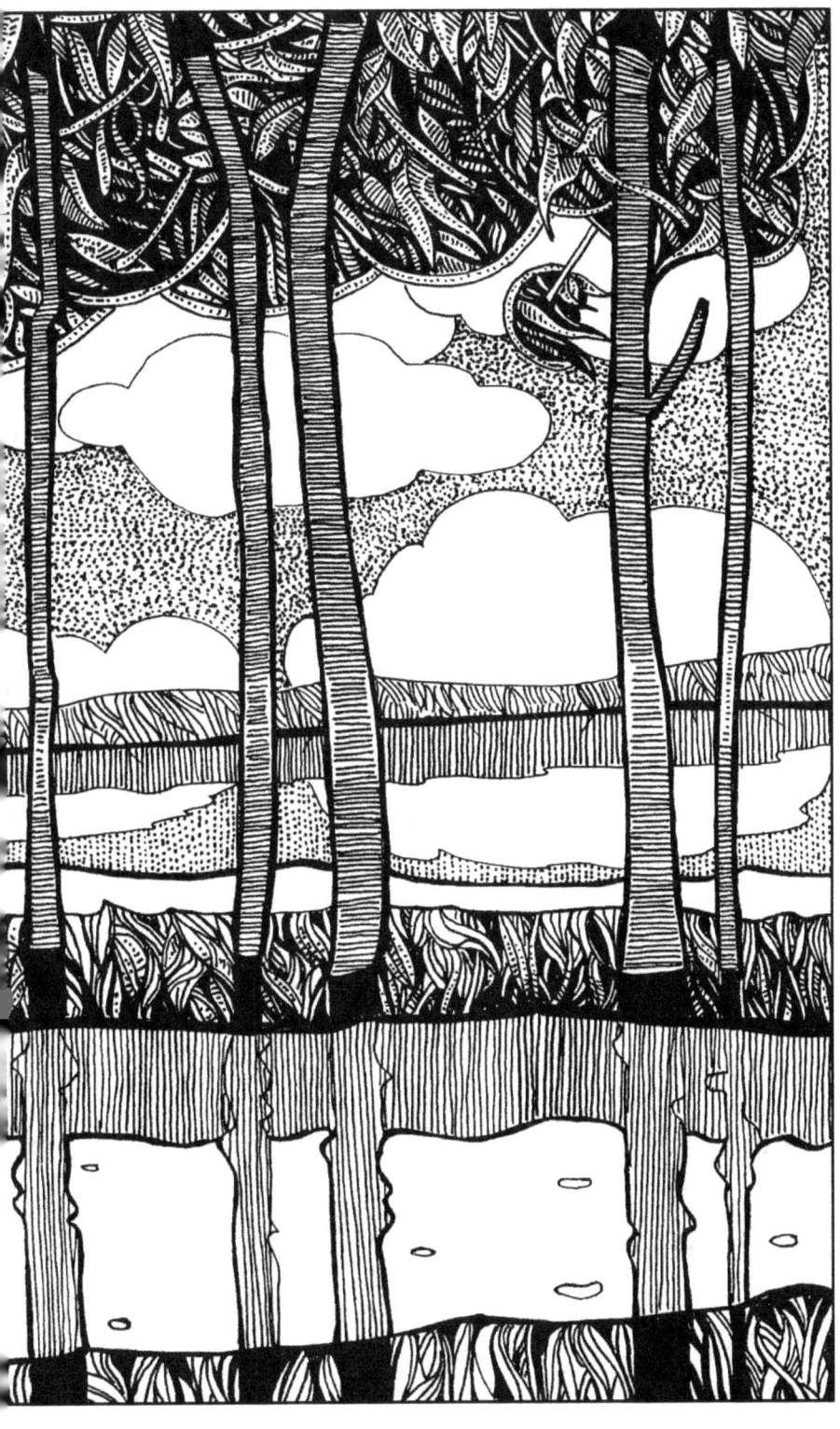

Aguas tranquilas

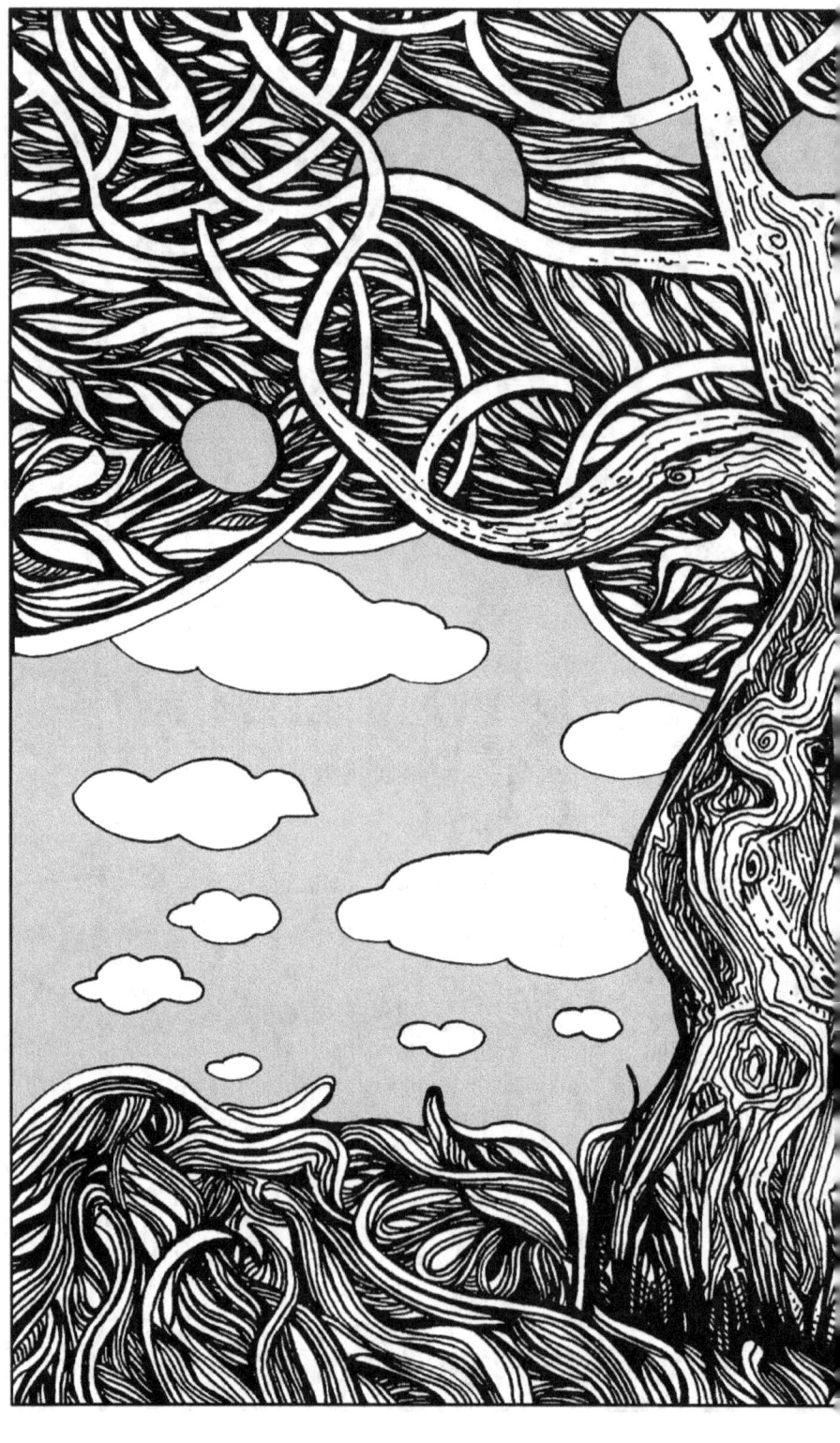

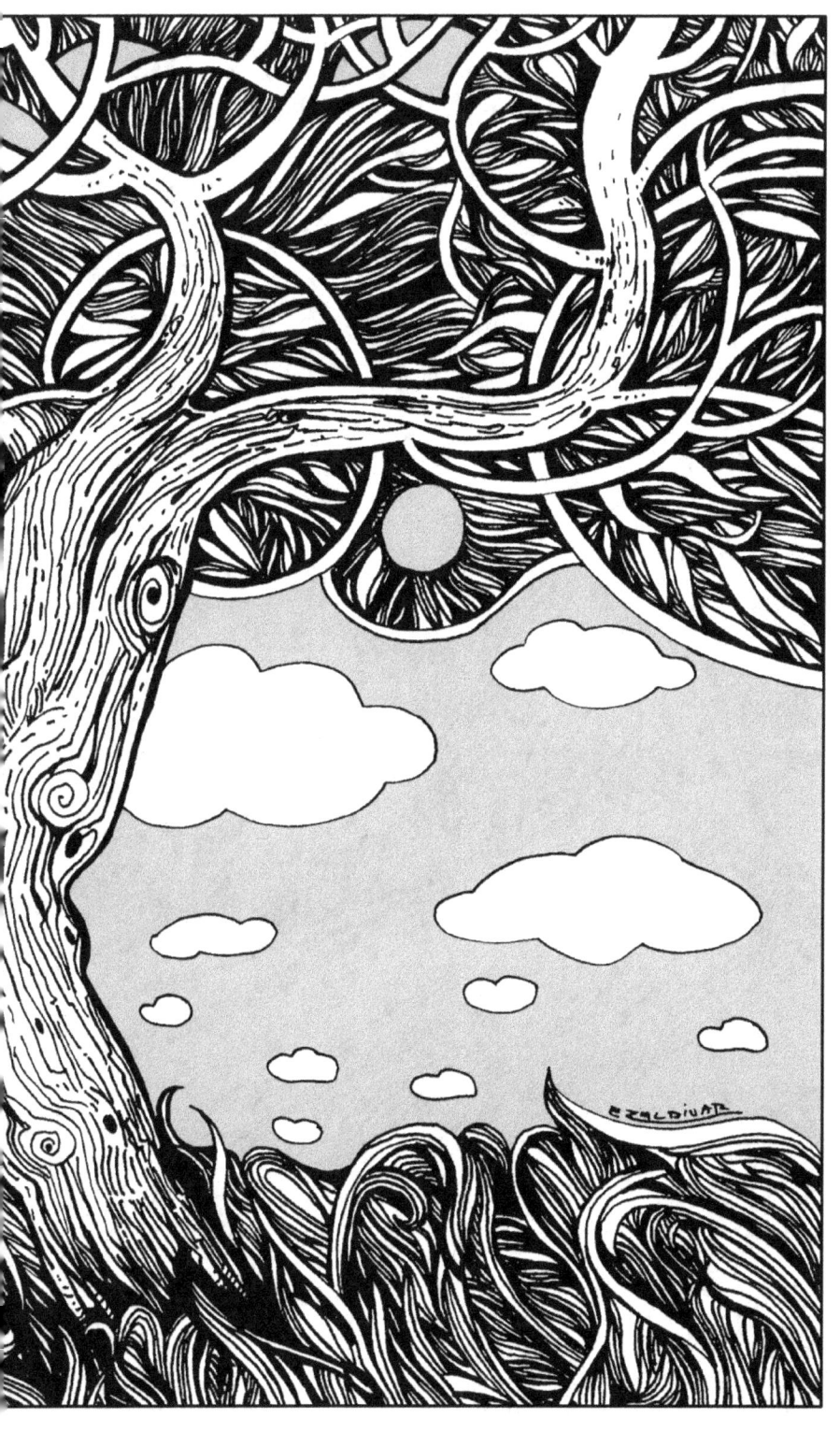

Entre cielo y tierra

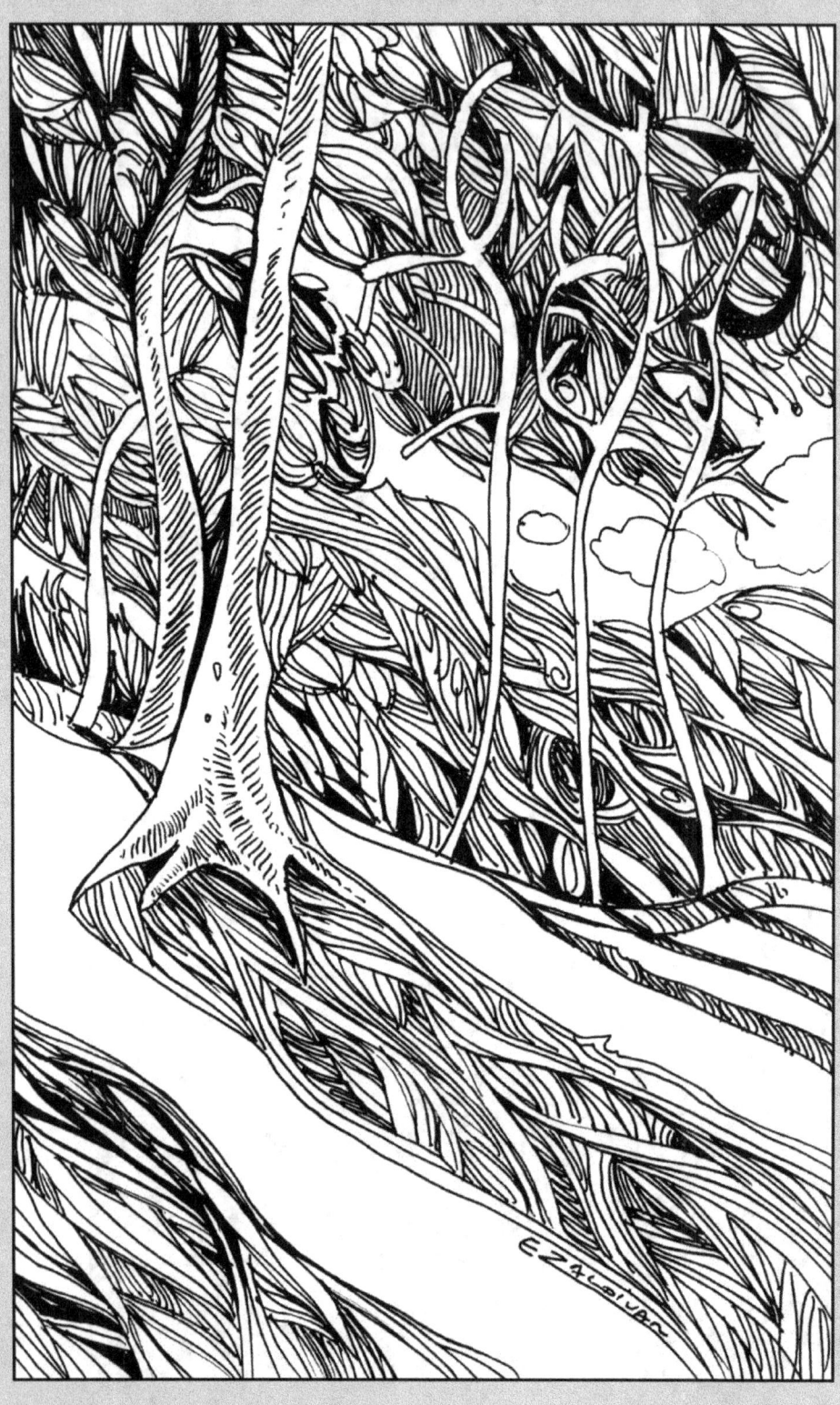

Golpe de luz

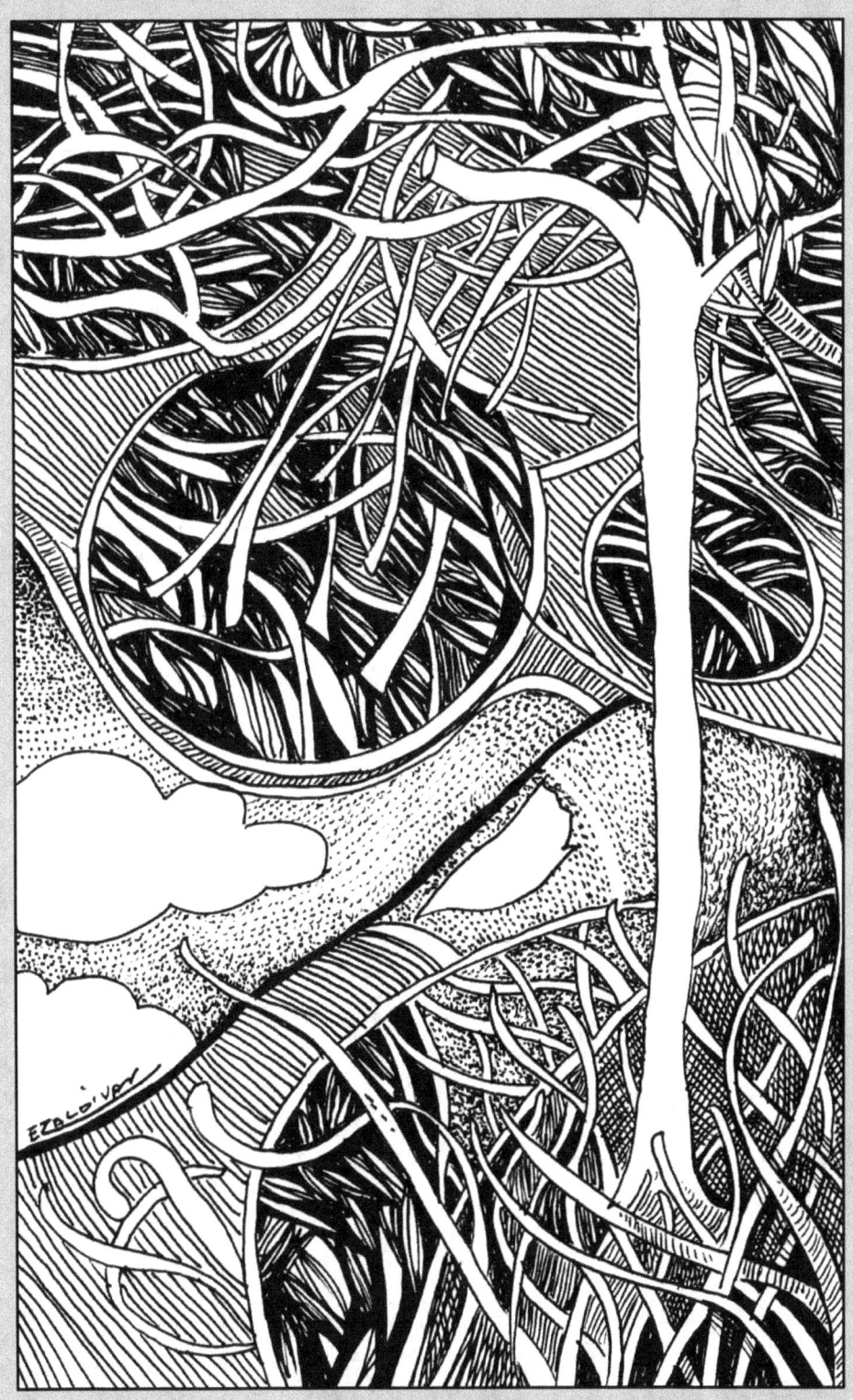

Enramada

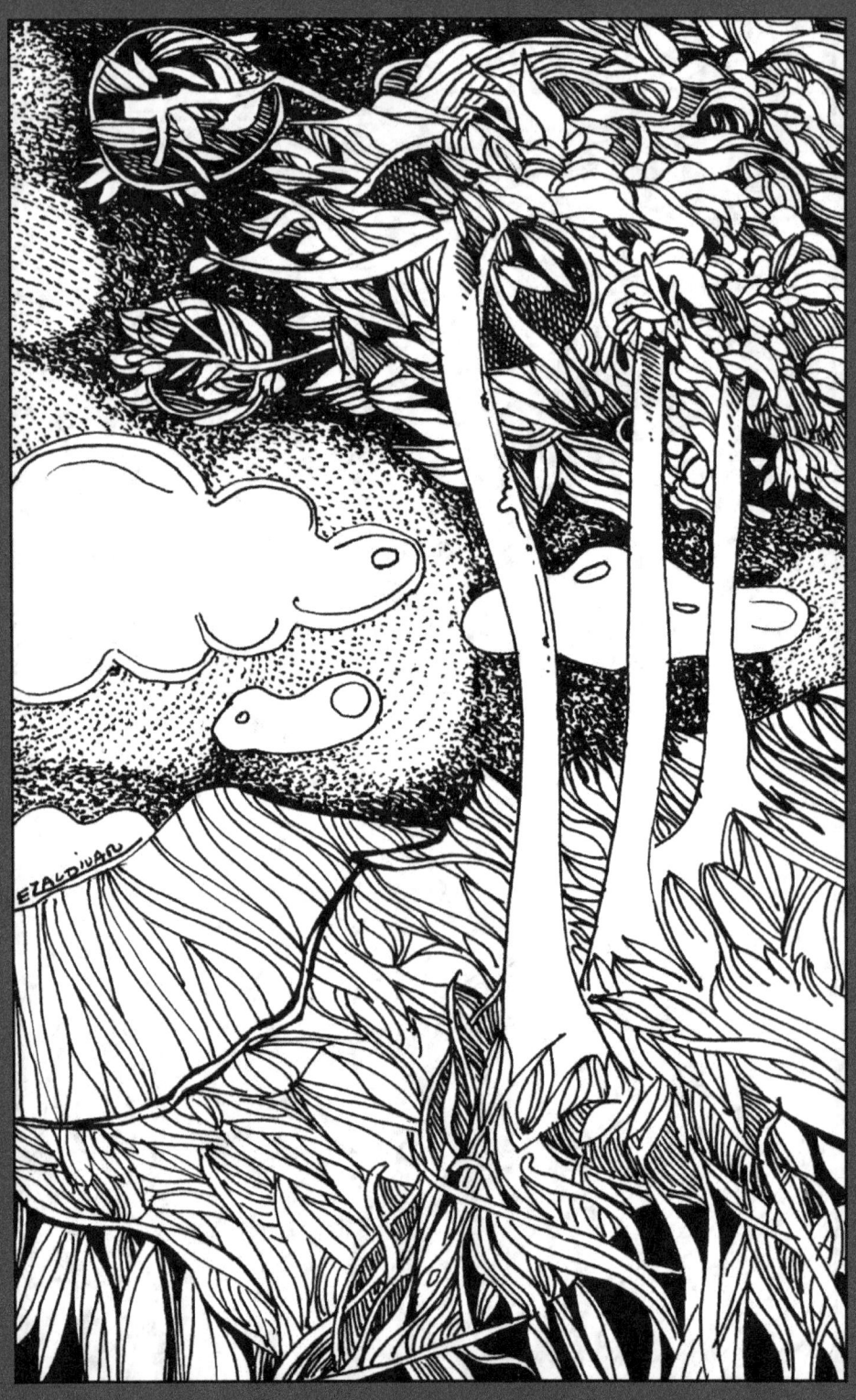

En mitad de la montaña

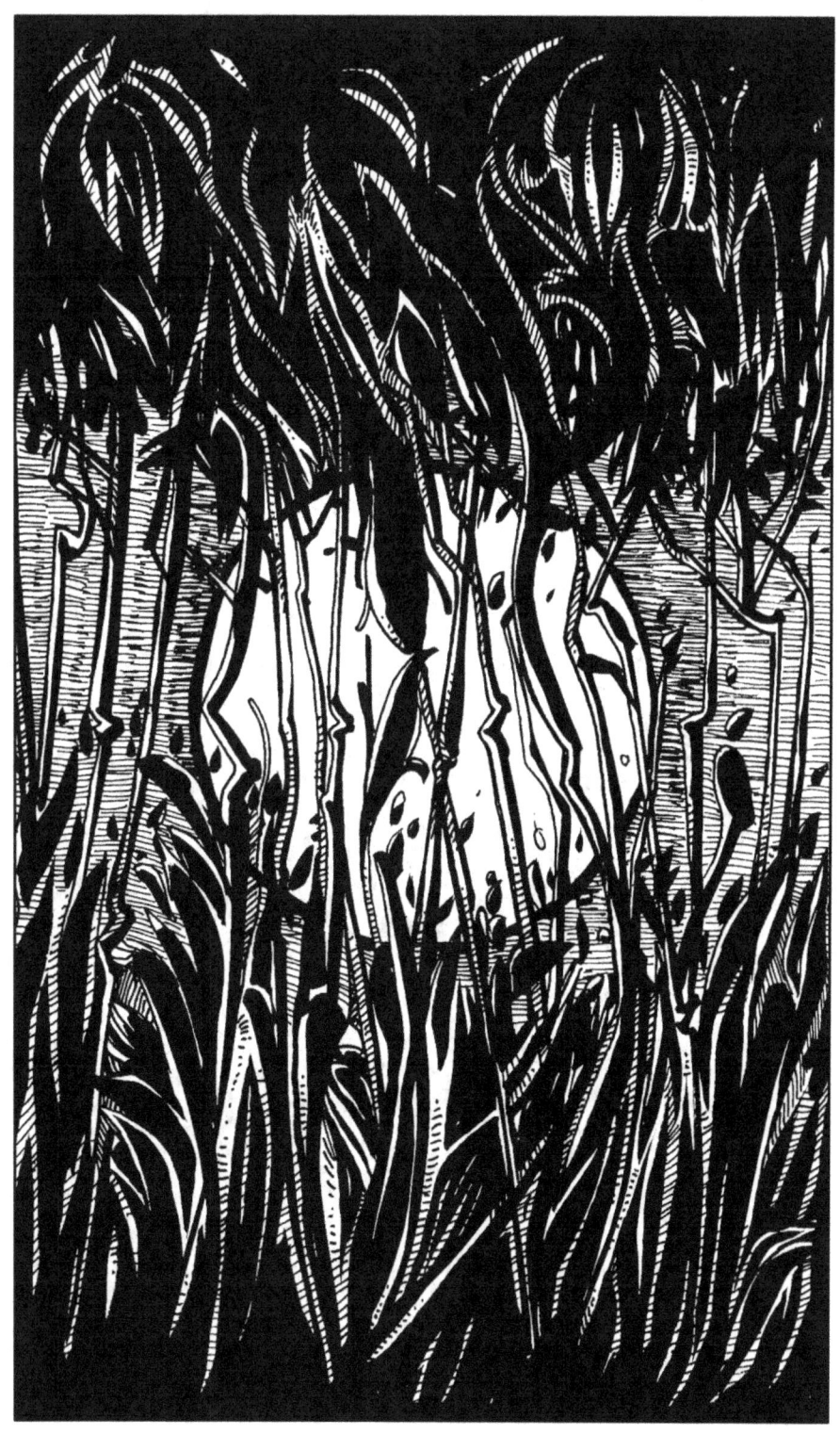

Crepúsculo

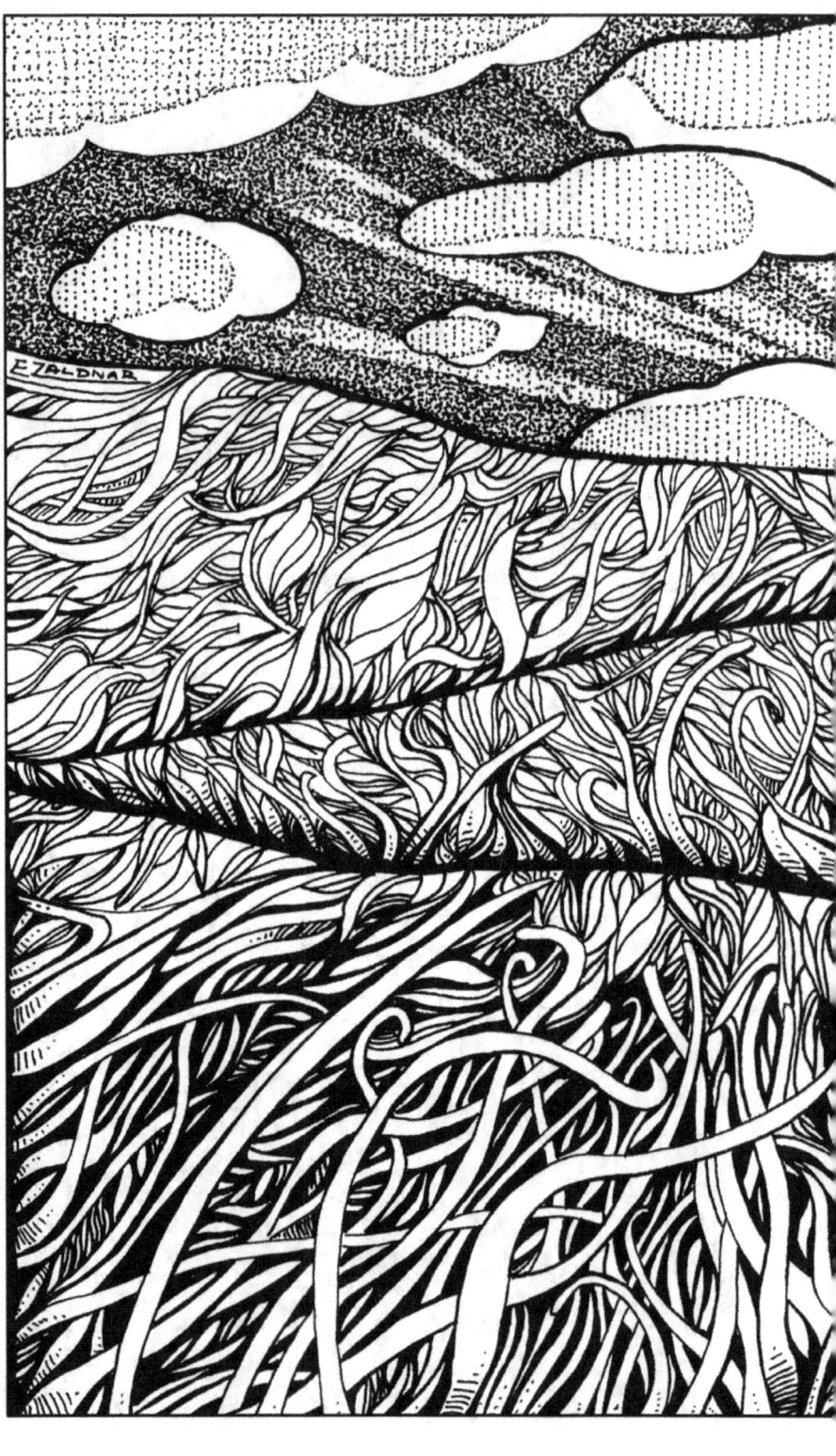

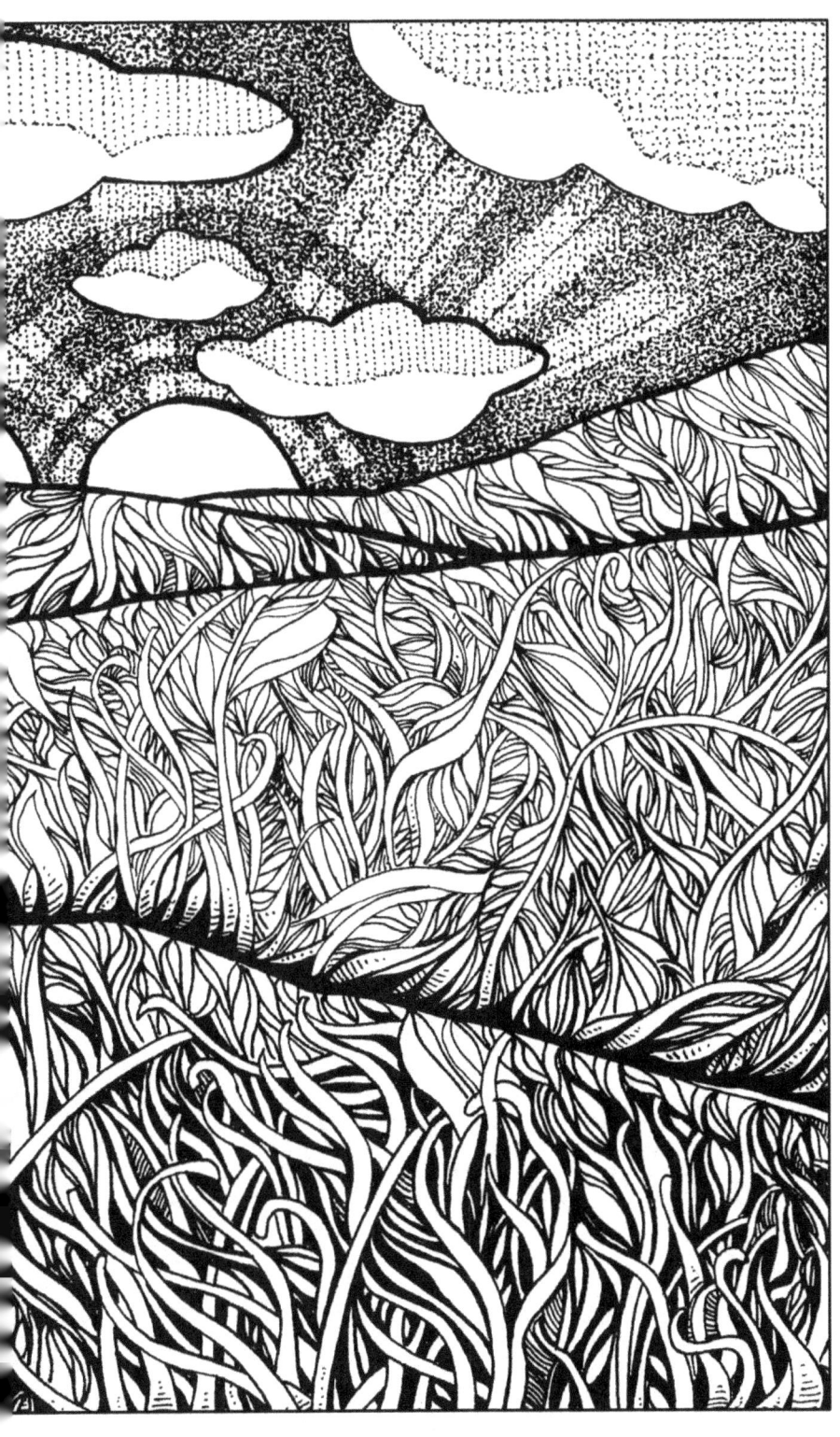

Día tras día

— Levedad —

El triunfo de Baco

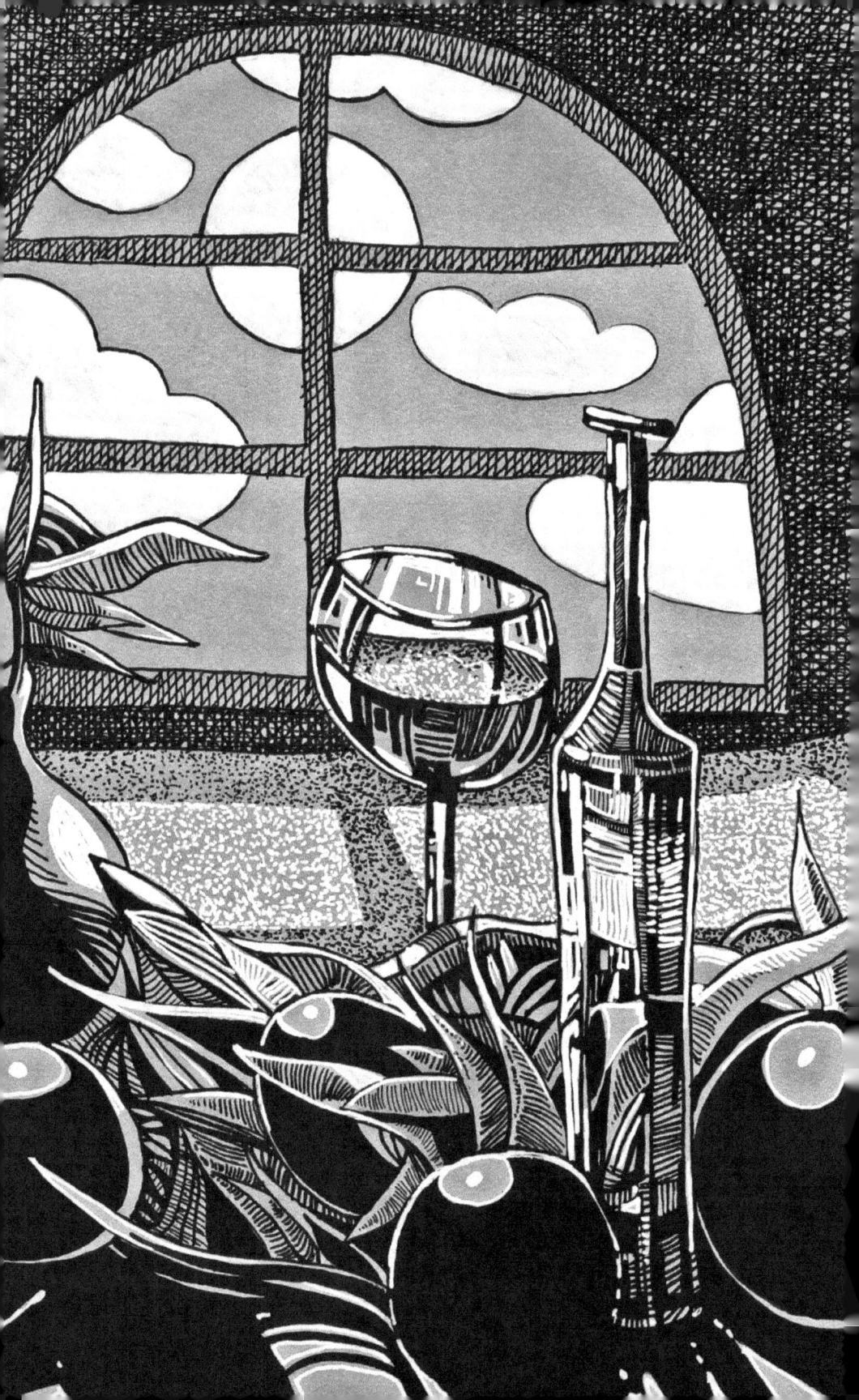

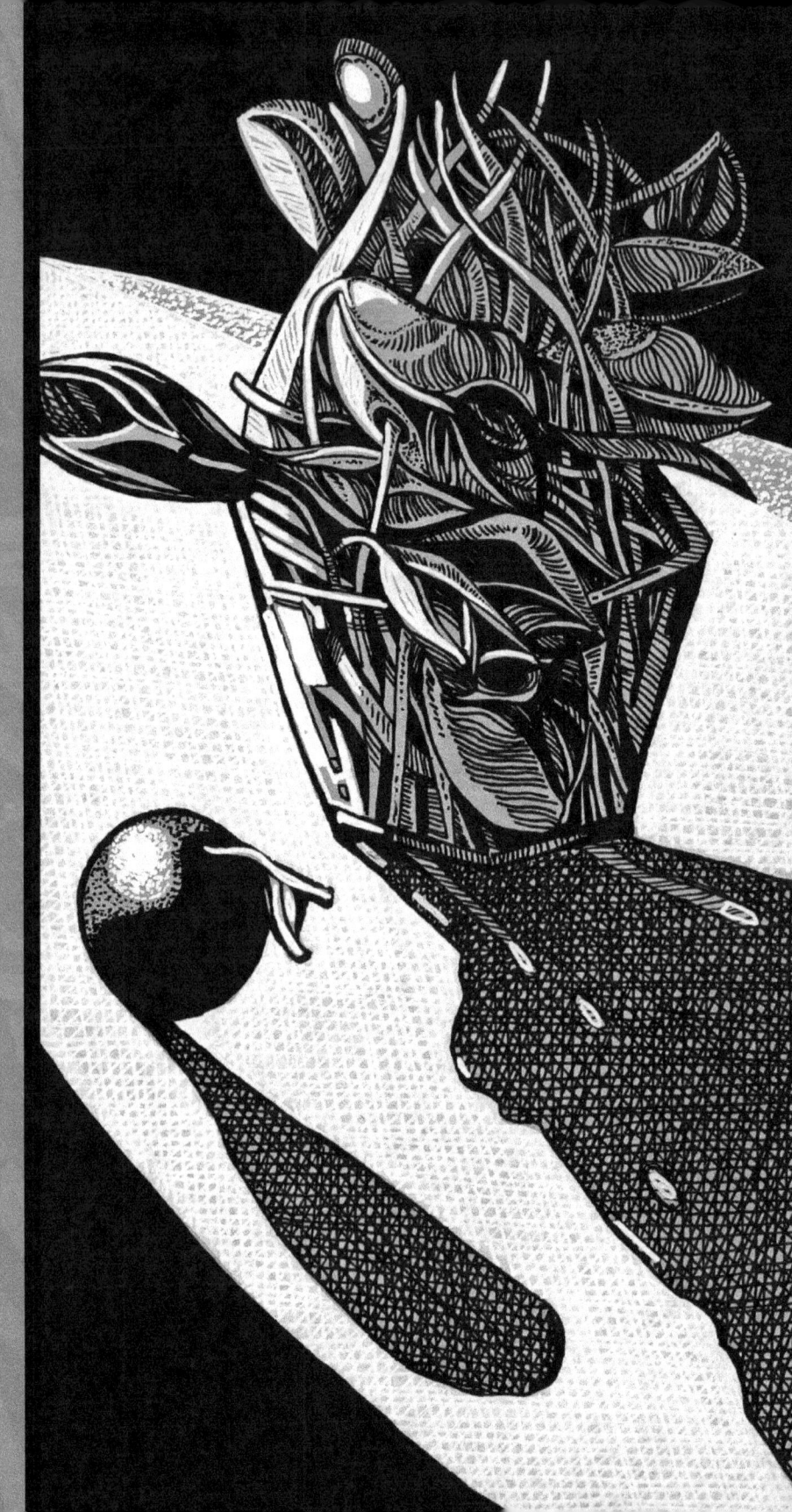

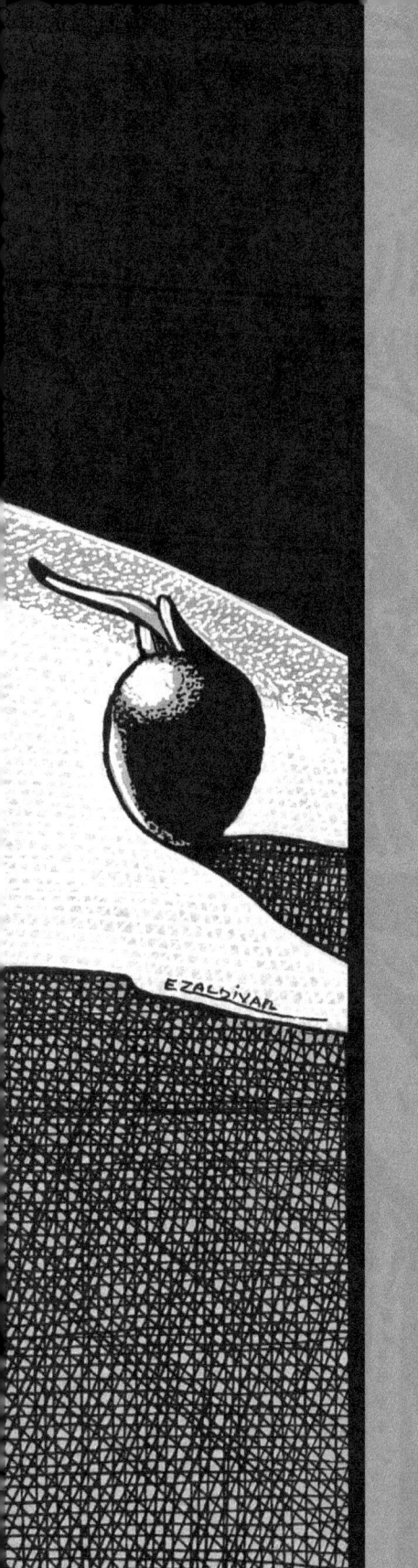

Romance de la luz y la sombra

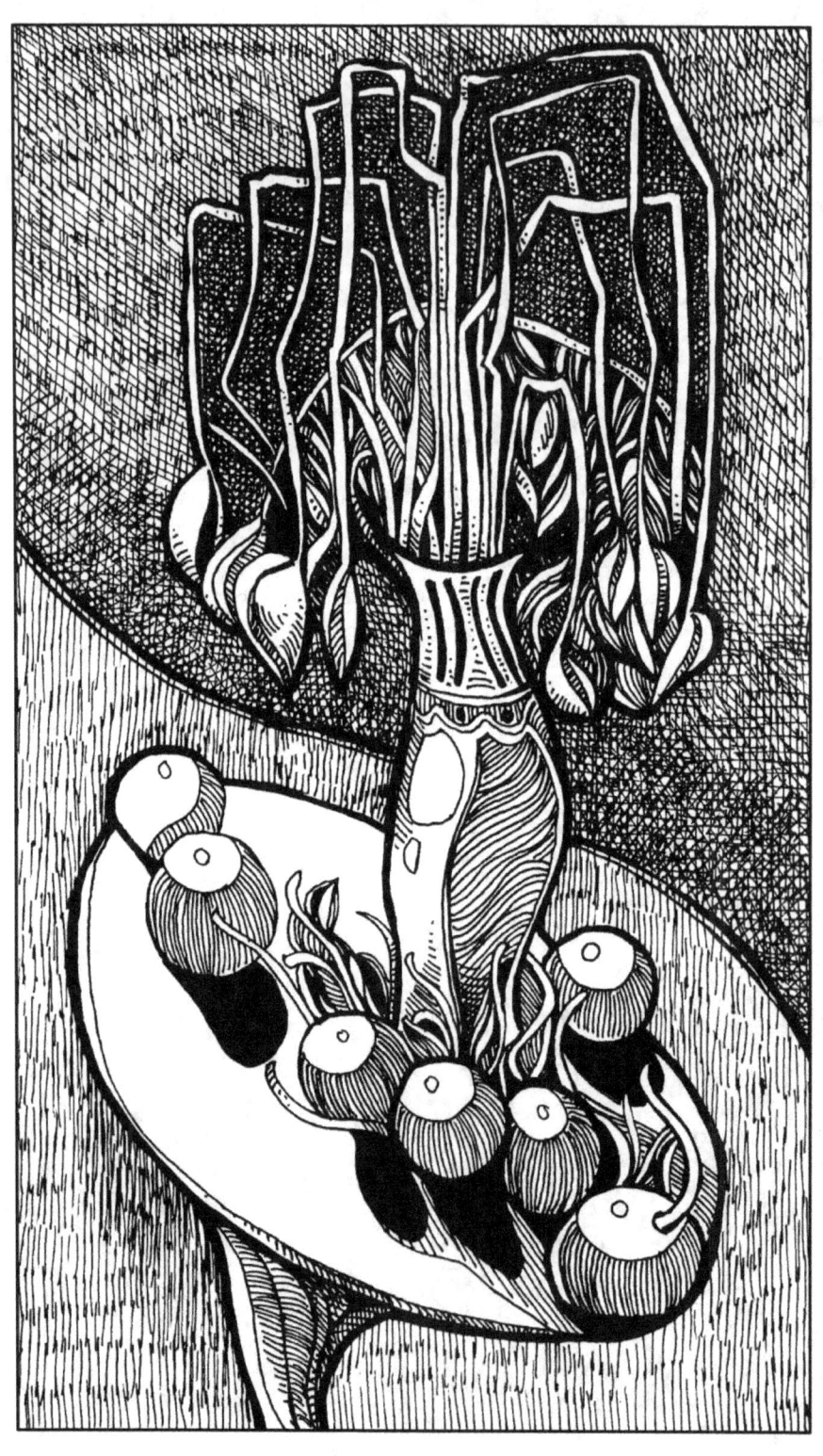

Tributo a la belleza efímera

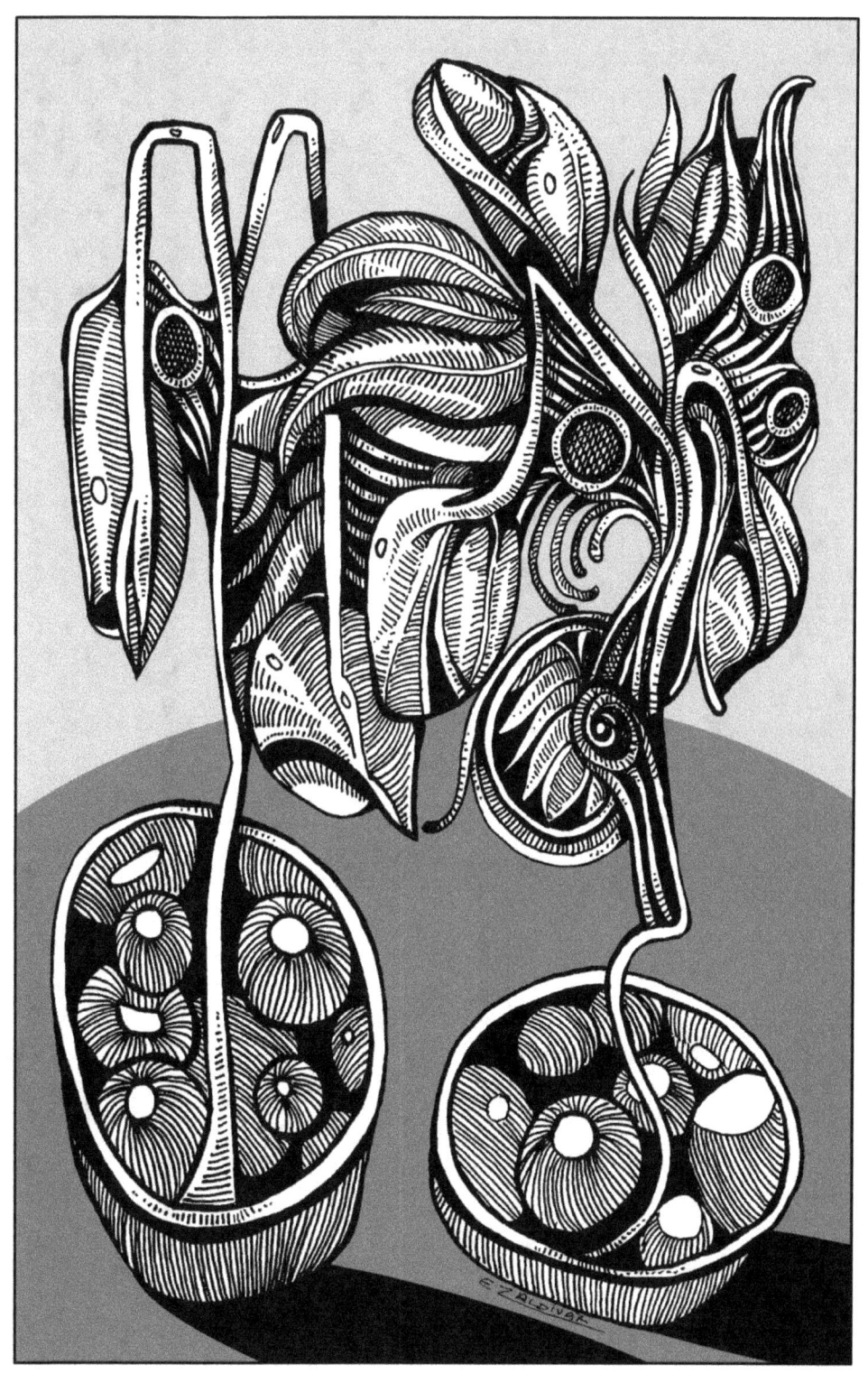

Voluptuosidad

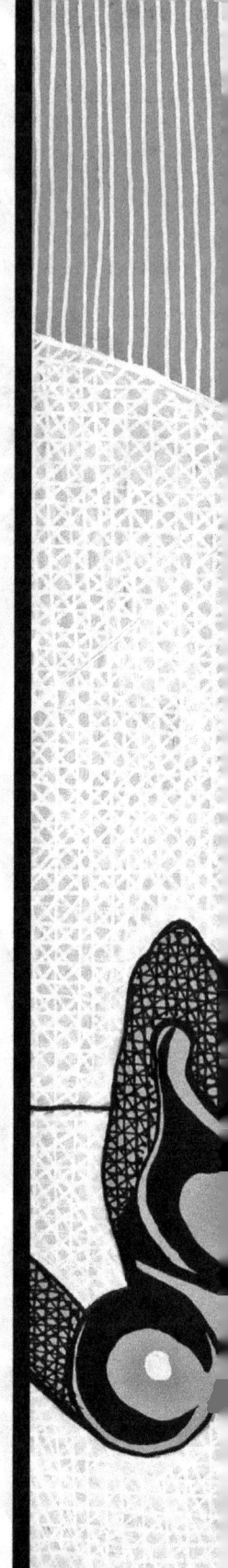

Hedonismo y contemplación

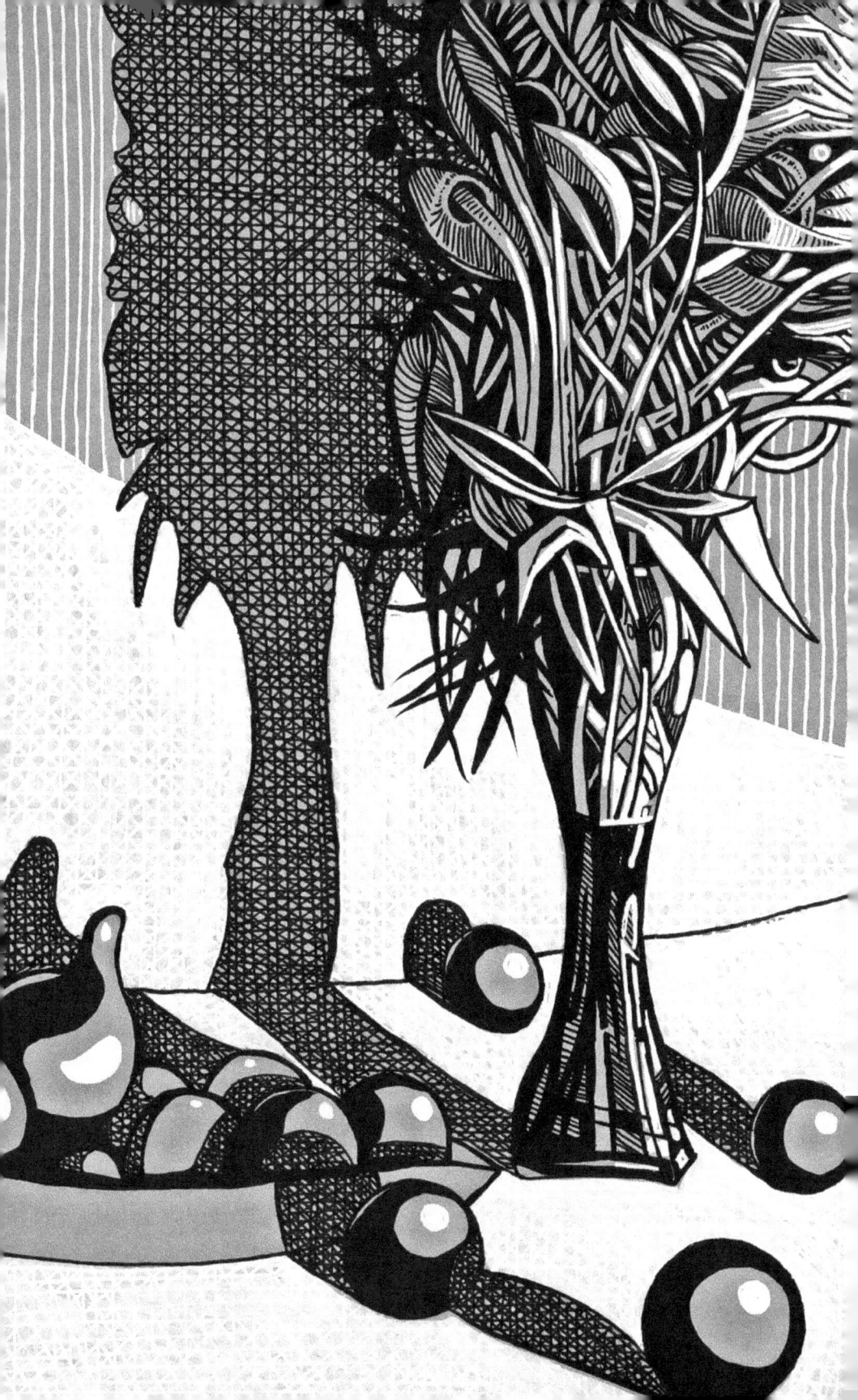

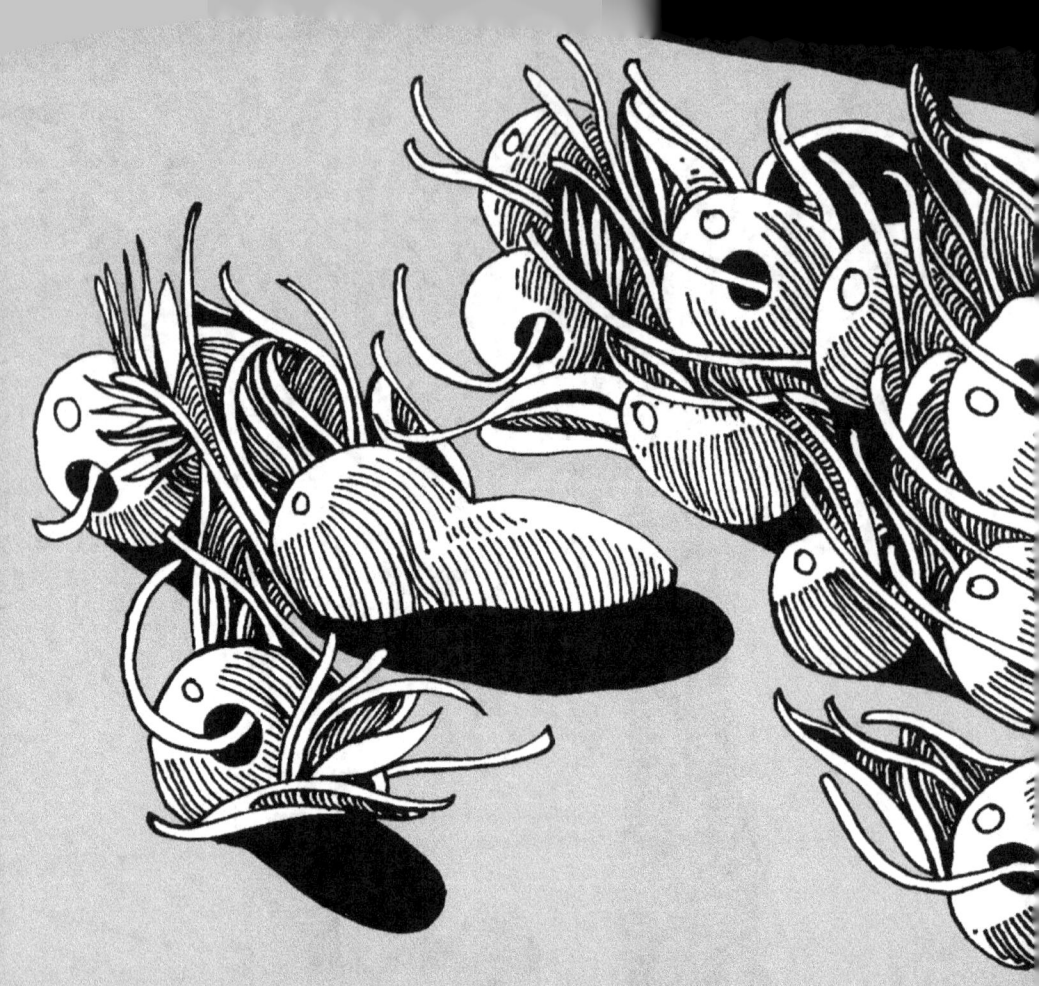

Conversaciones con Epicuro

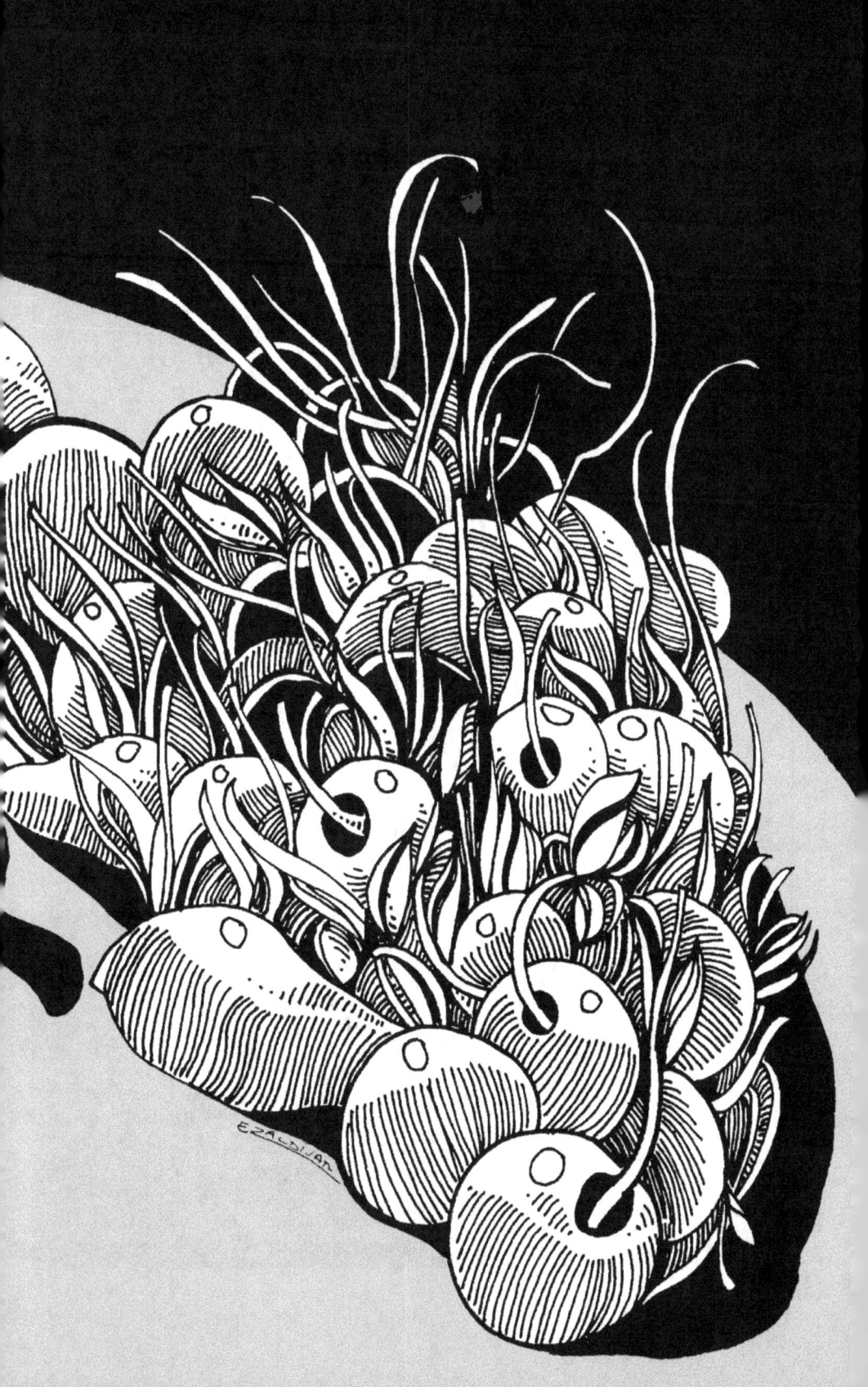

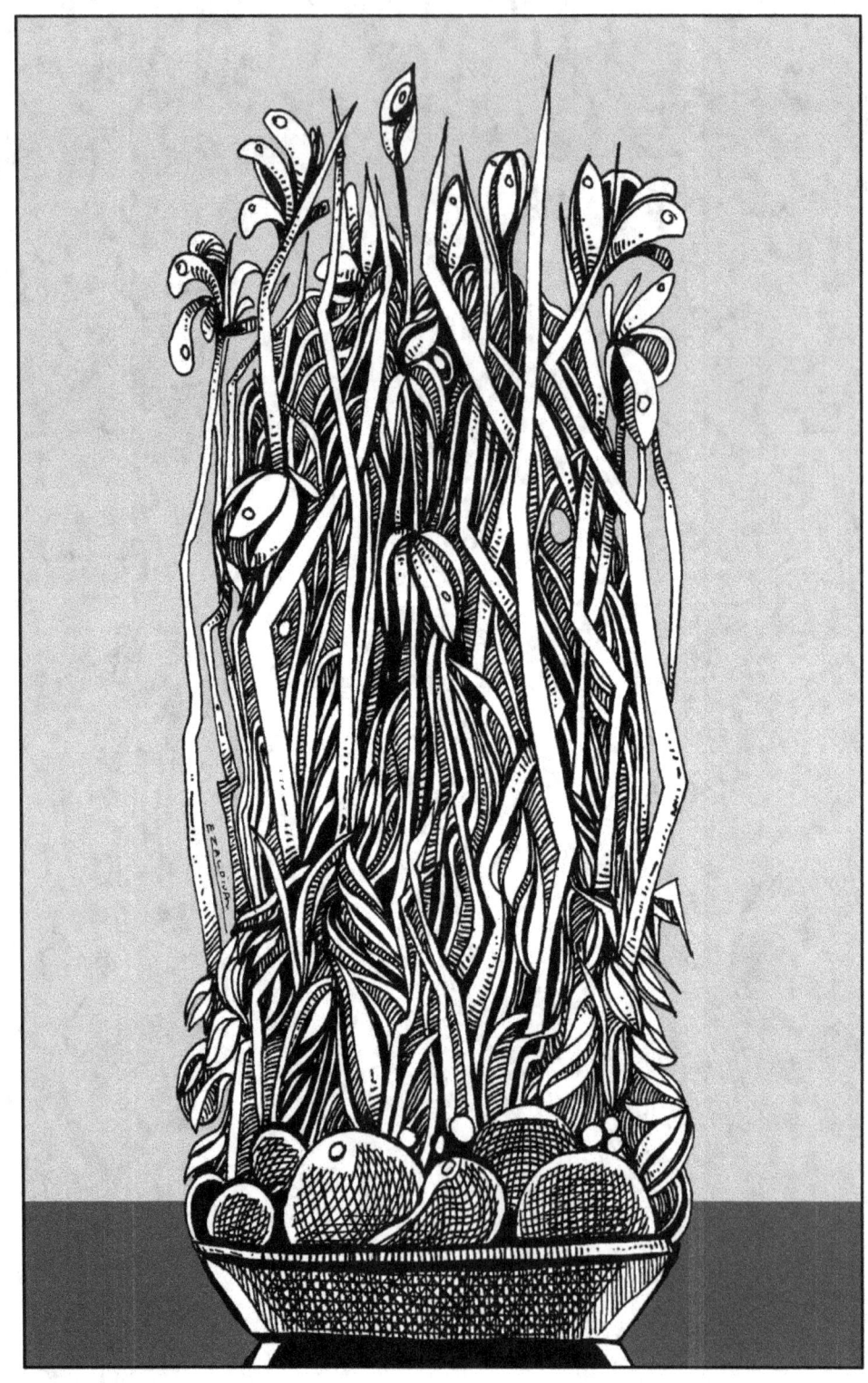

Escena trivial

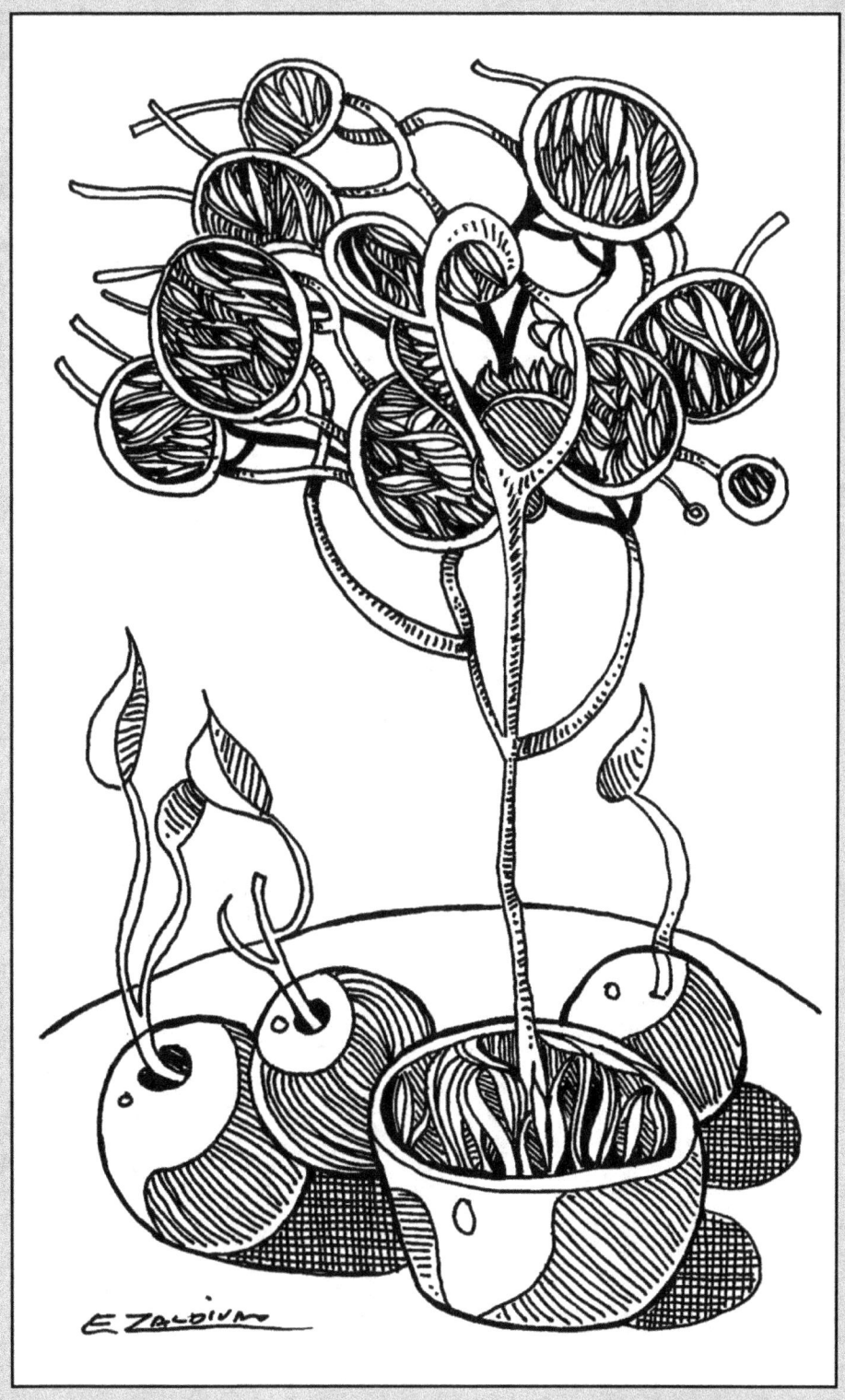

Vidas comunes

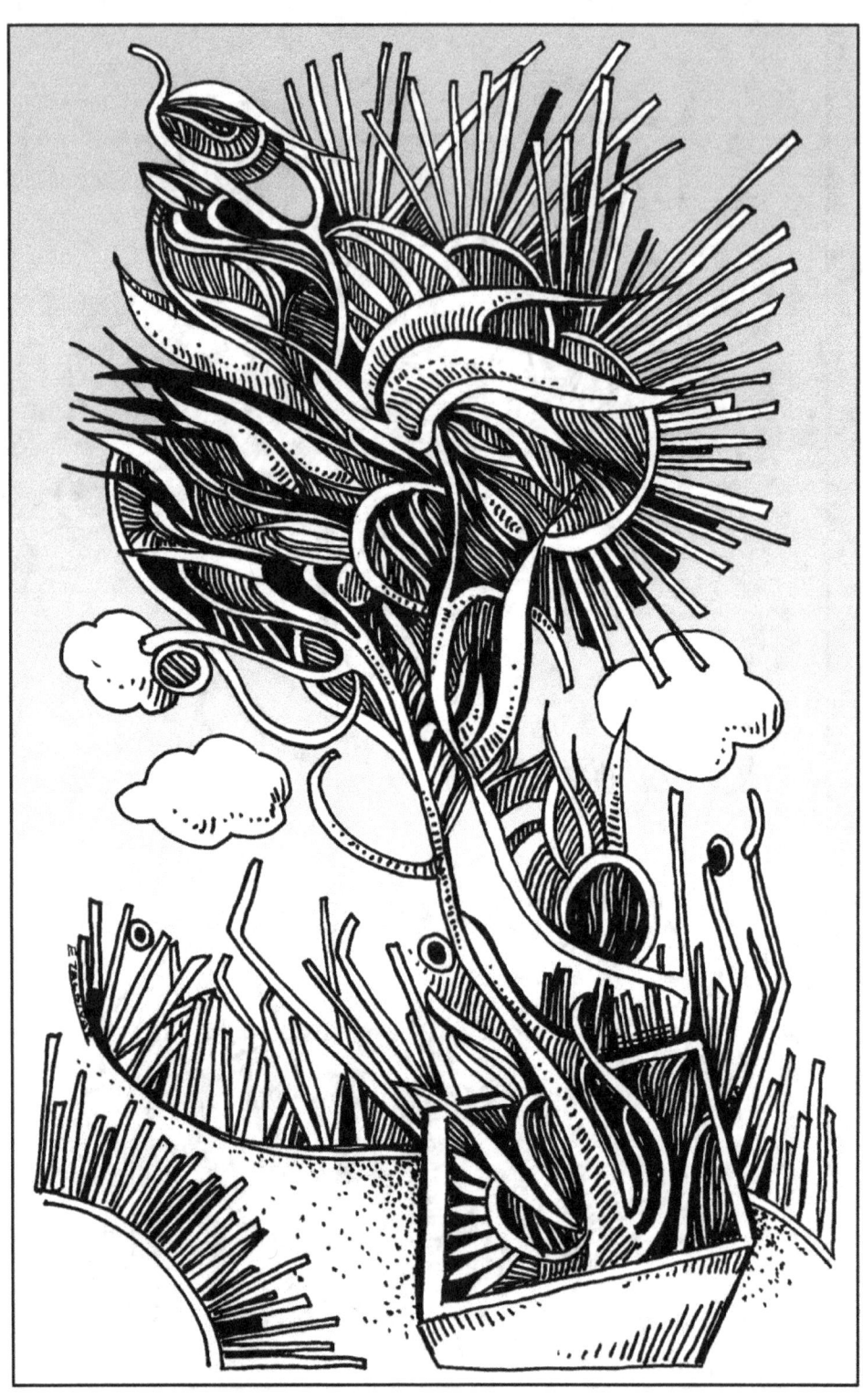

Flores silvestres

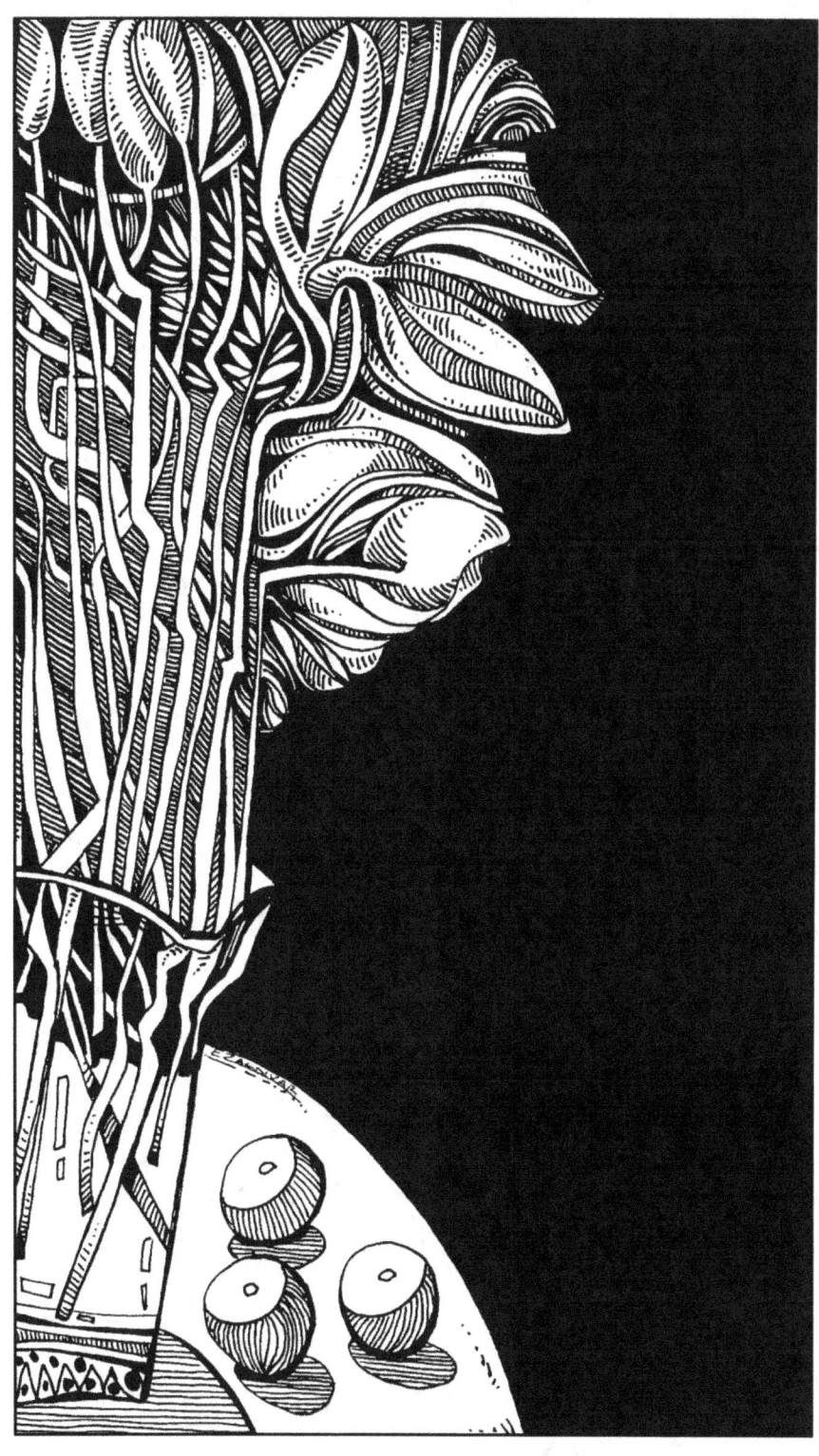

Rosas blancas

El esplendor de un breve
instante en la ventana

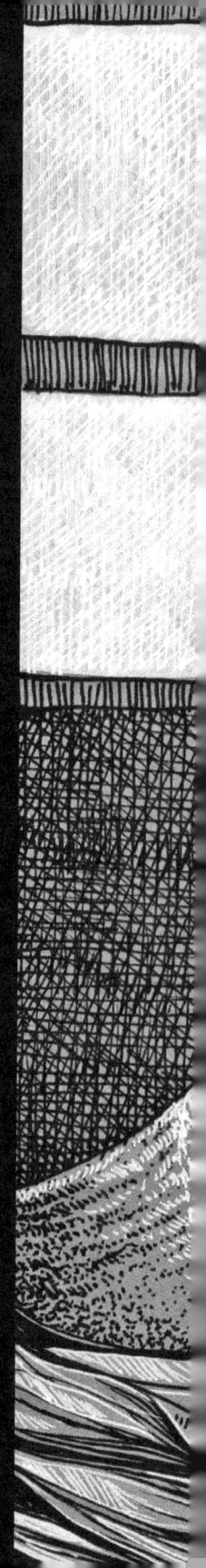

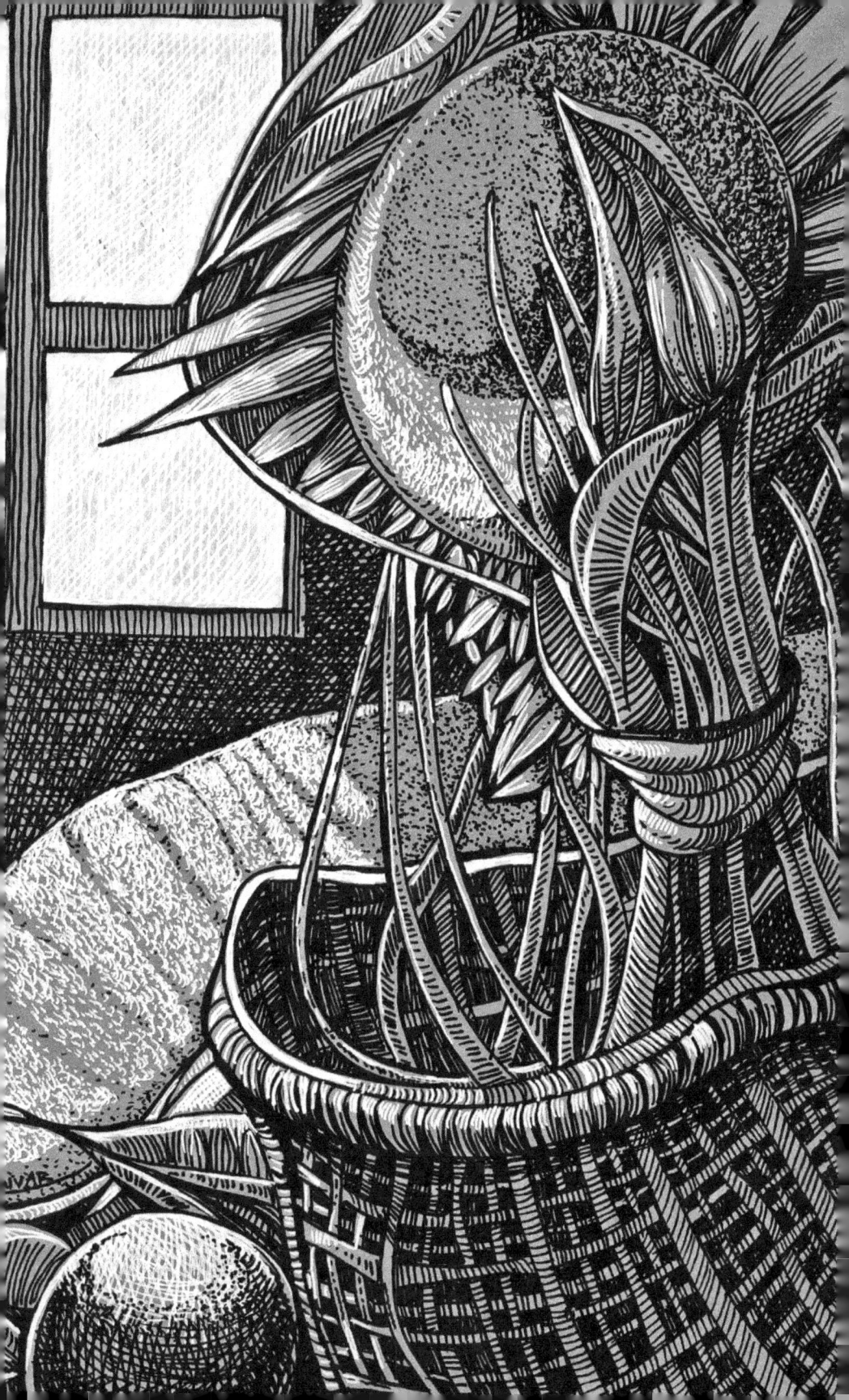

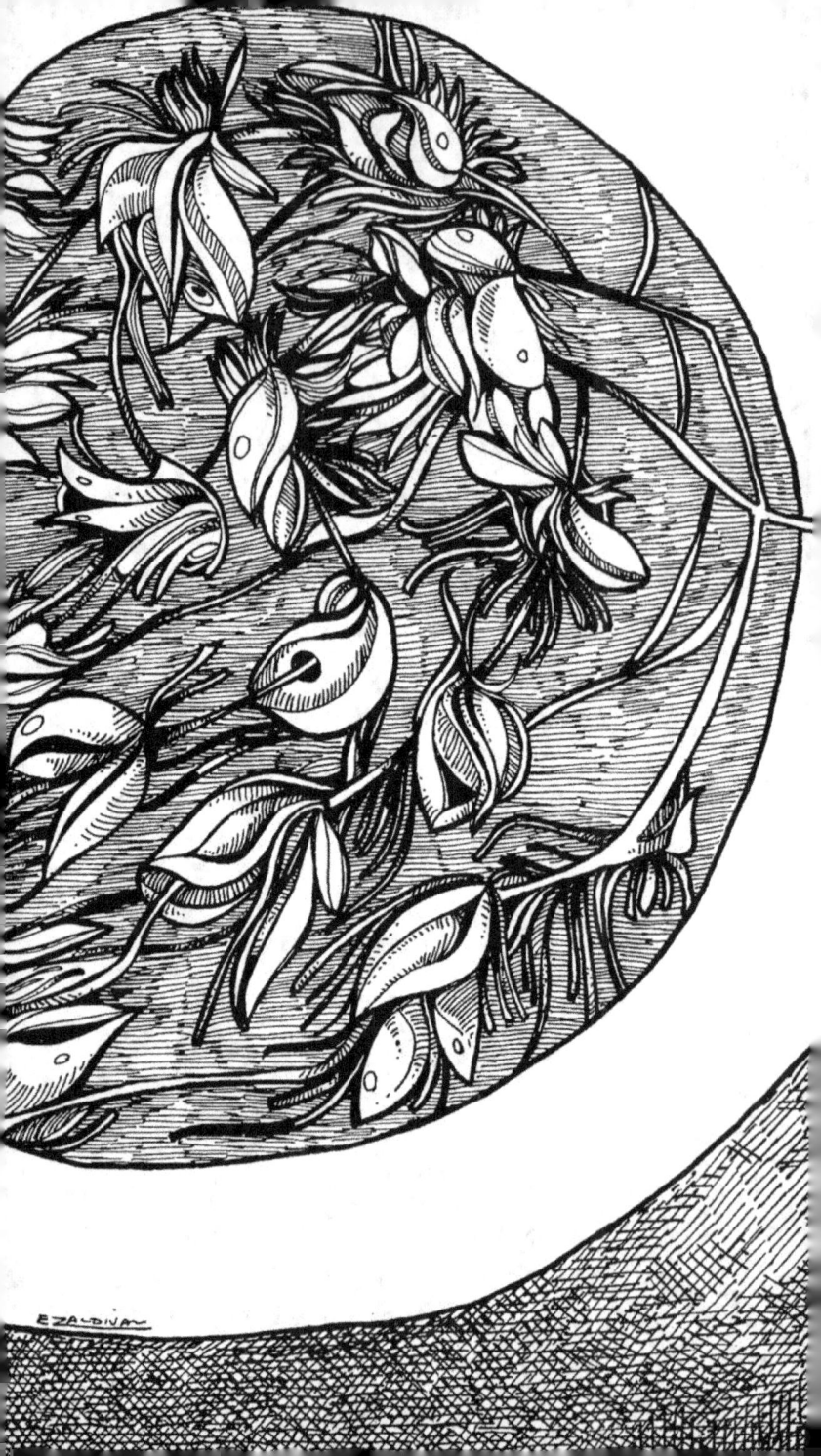

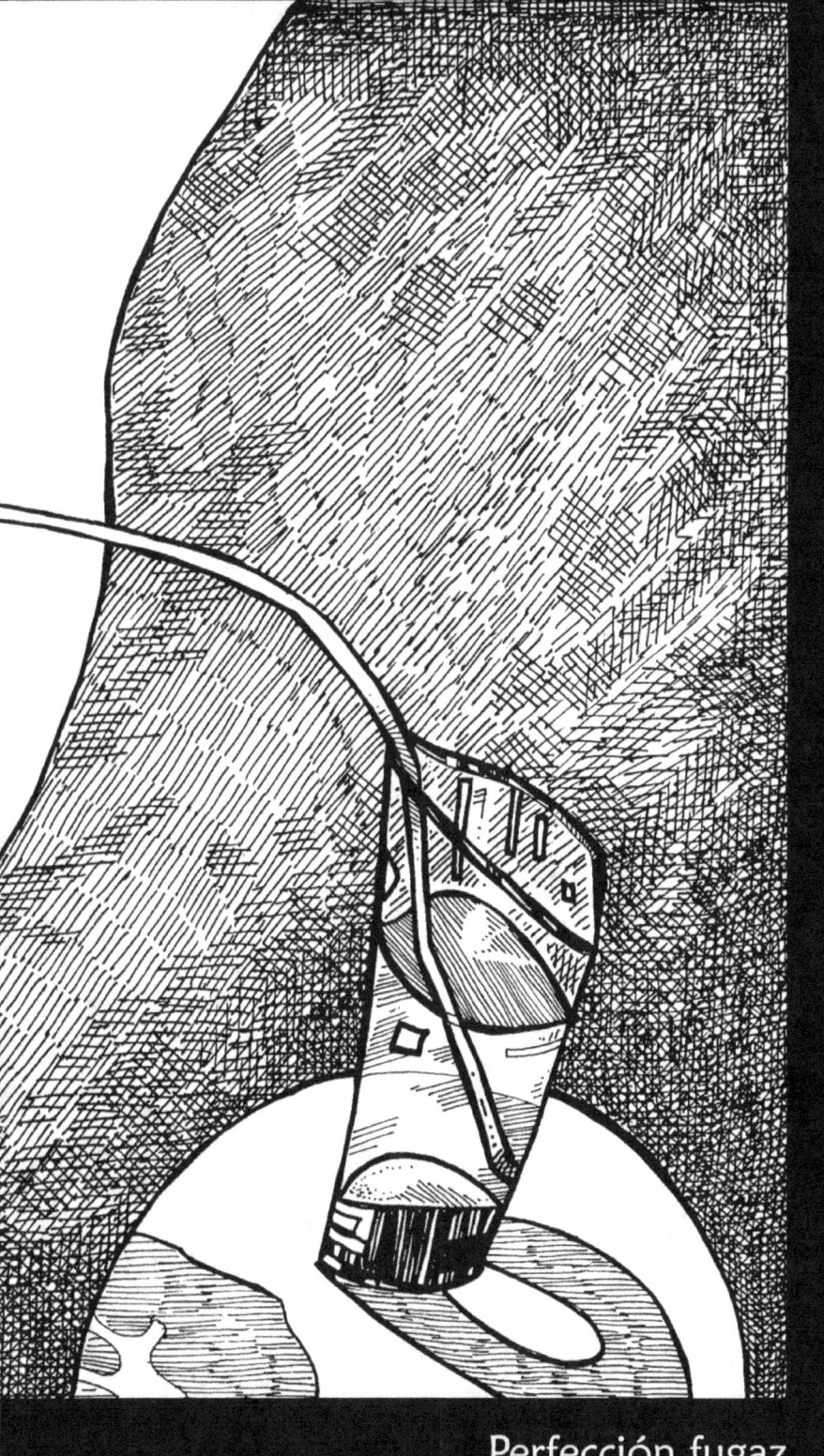

Perfección fugaz

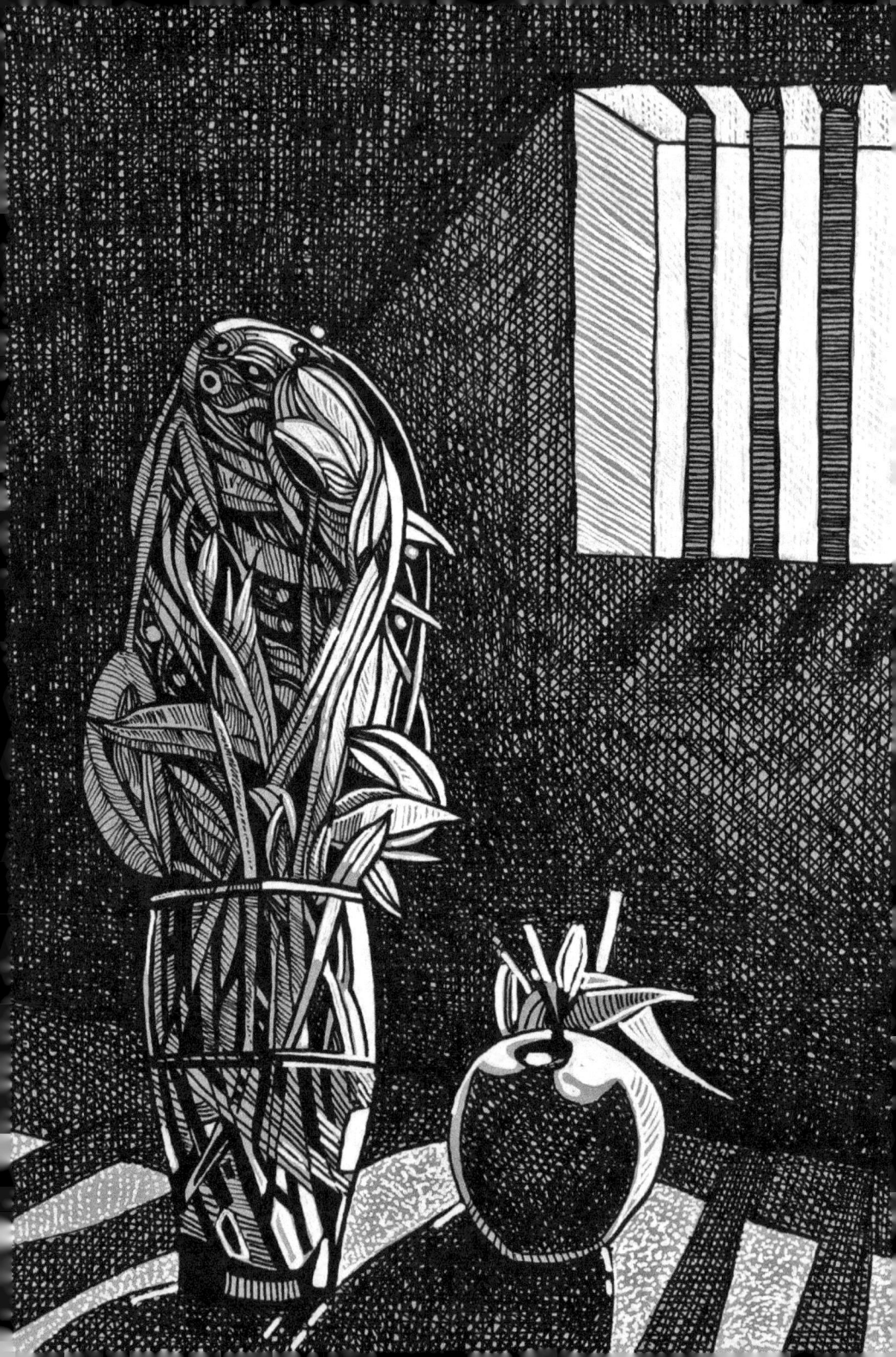

Días como sombras

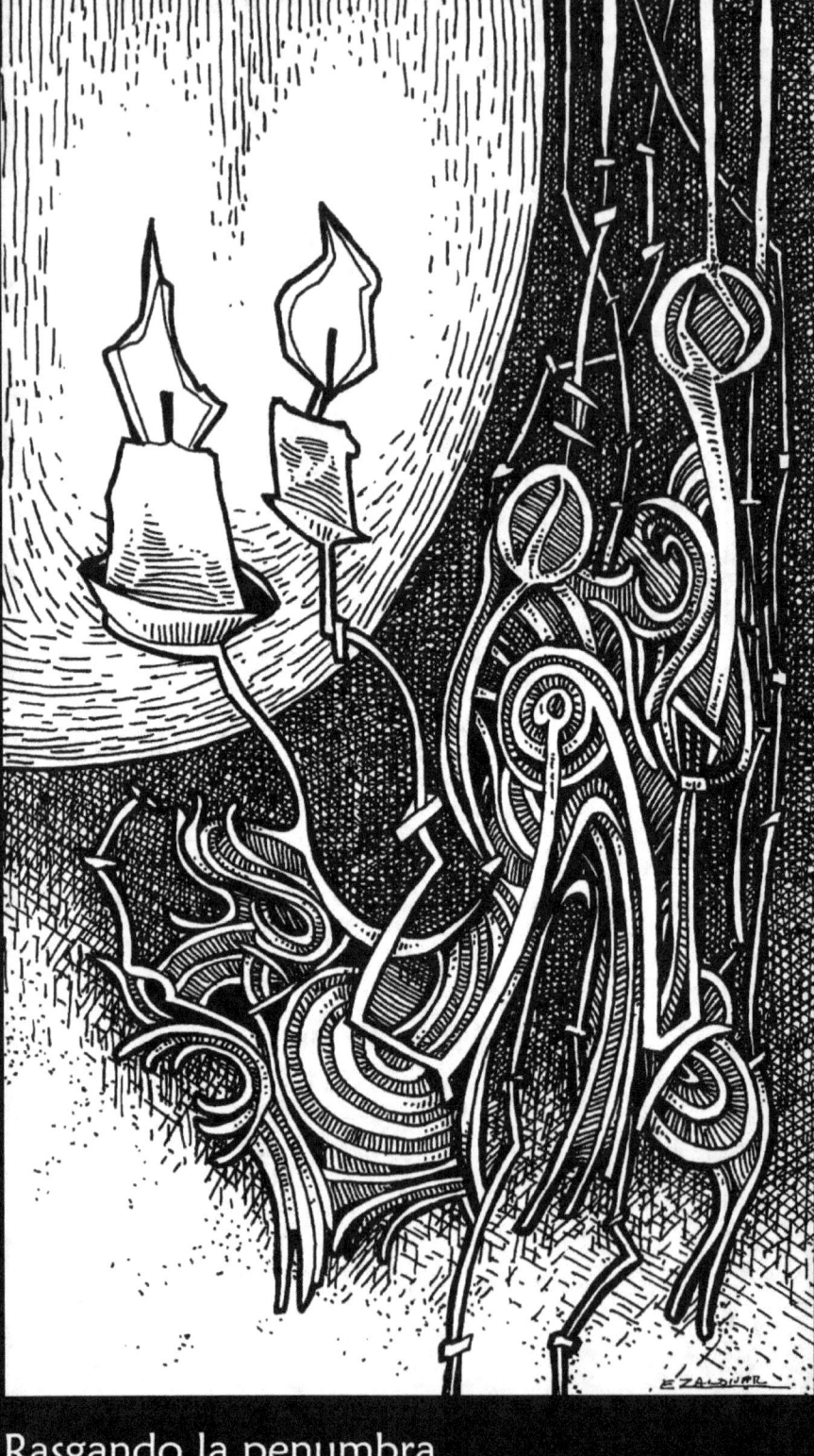
Rasgando la penumbra

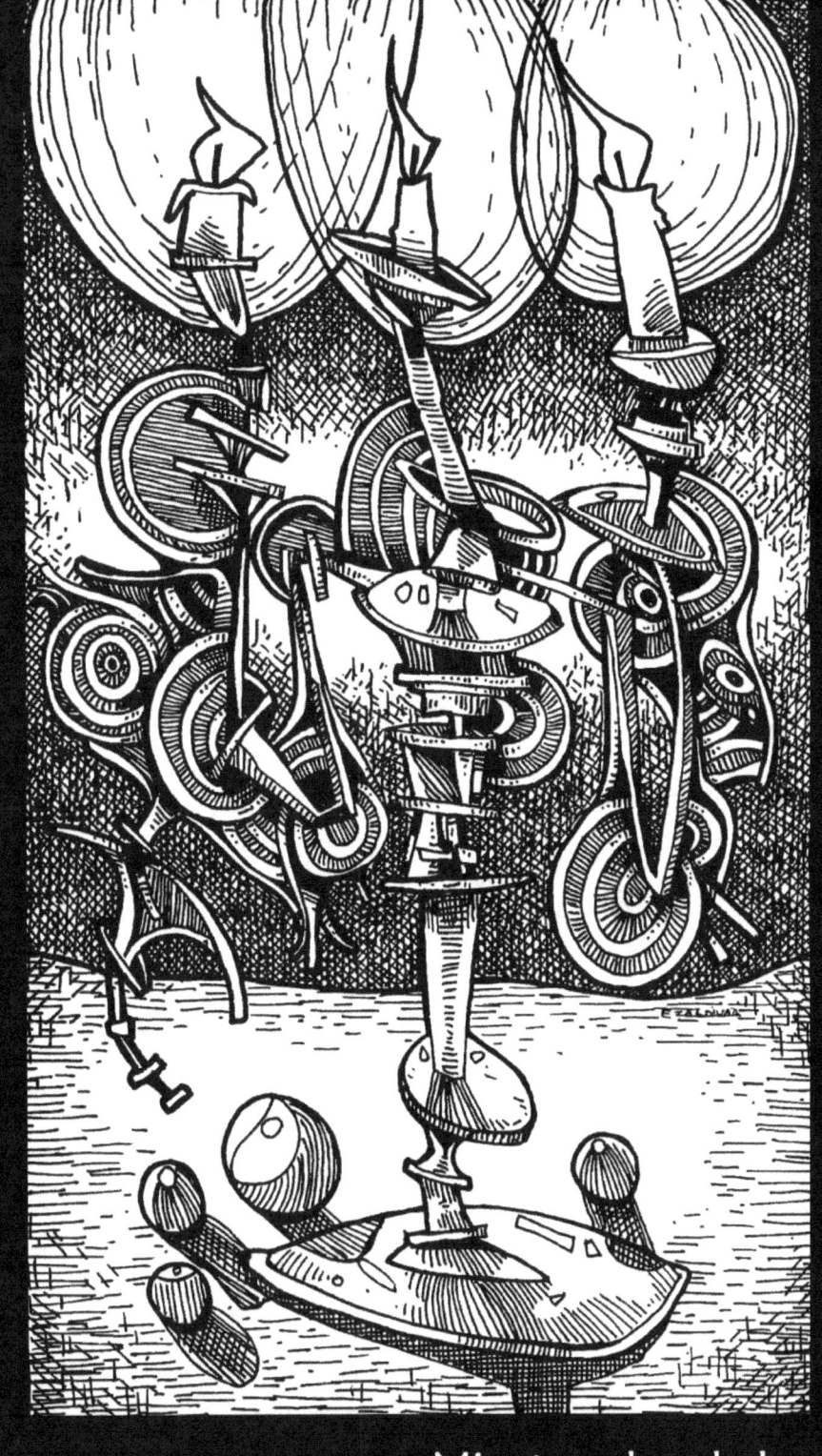

Mientras dure la luz

Fachadas

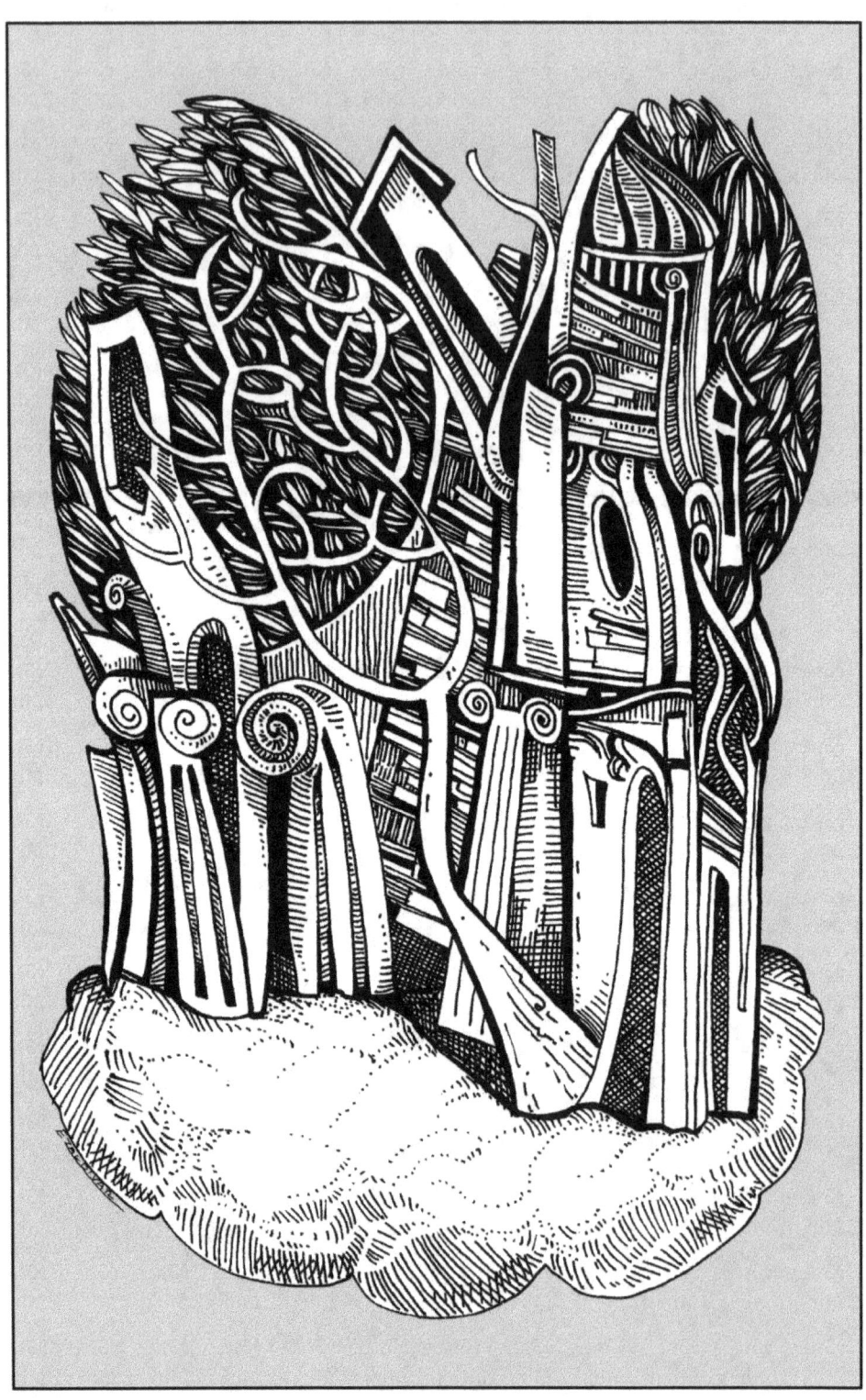

Isla flotante

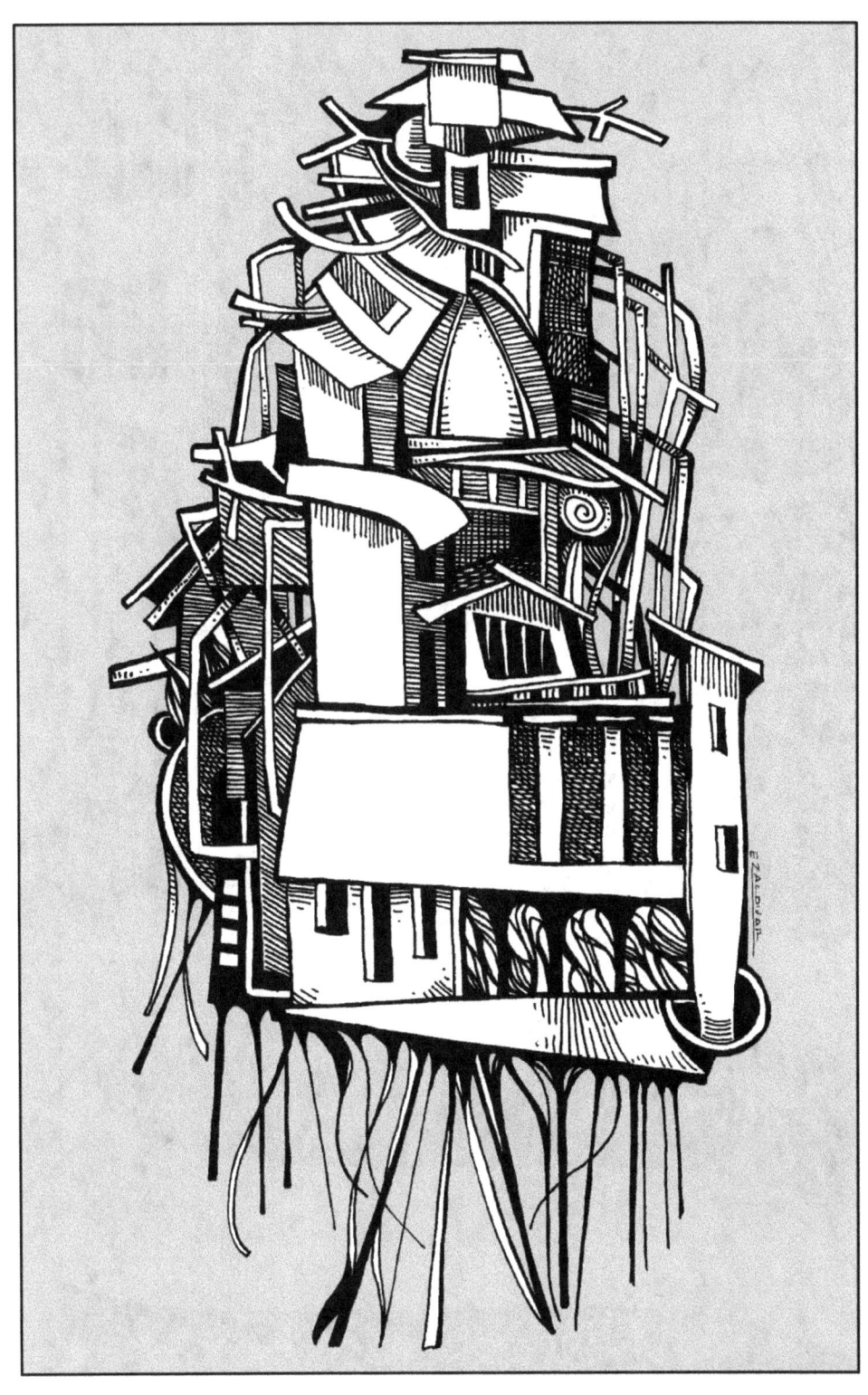

Ciudad perdida

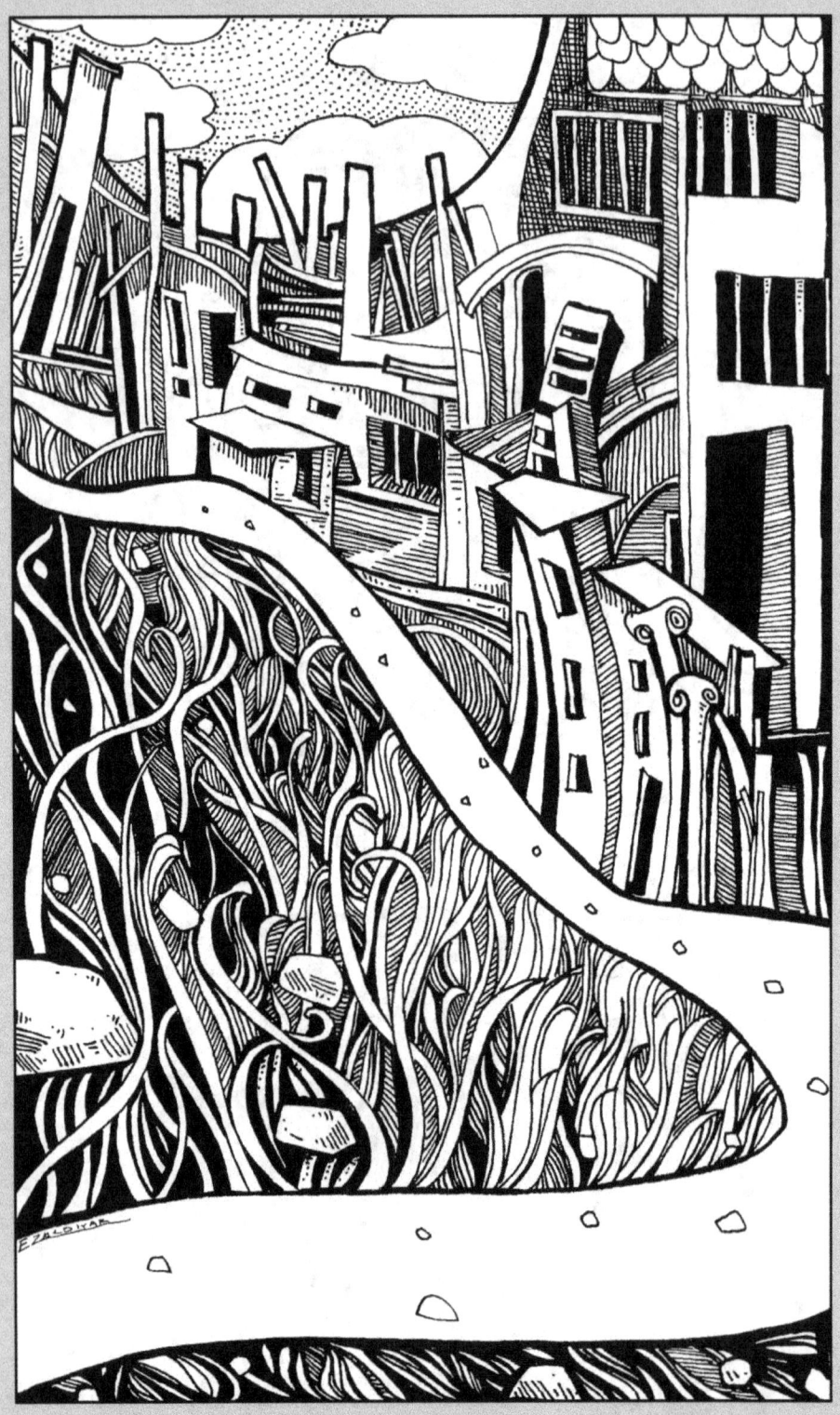

Ciudad sola

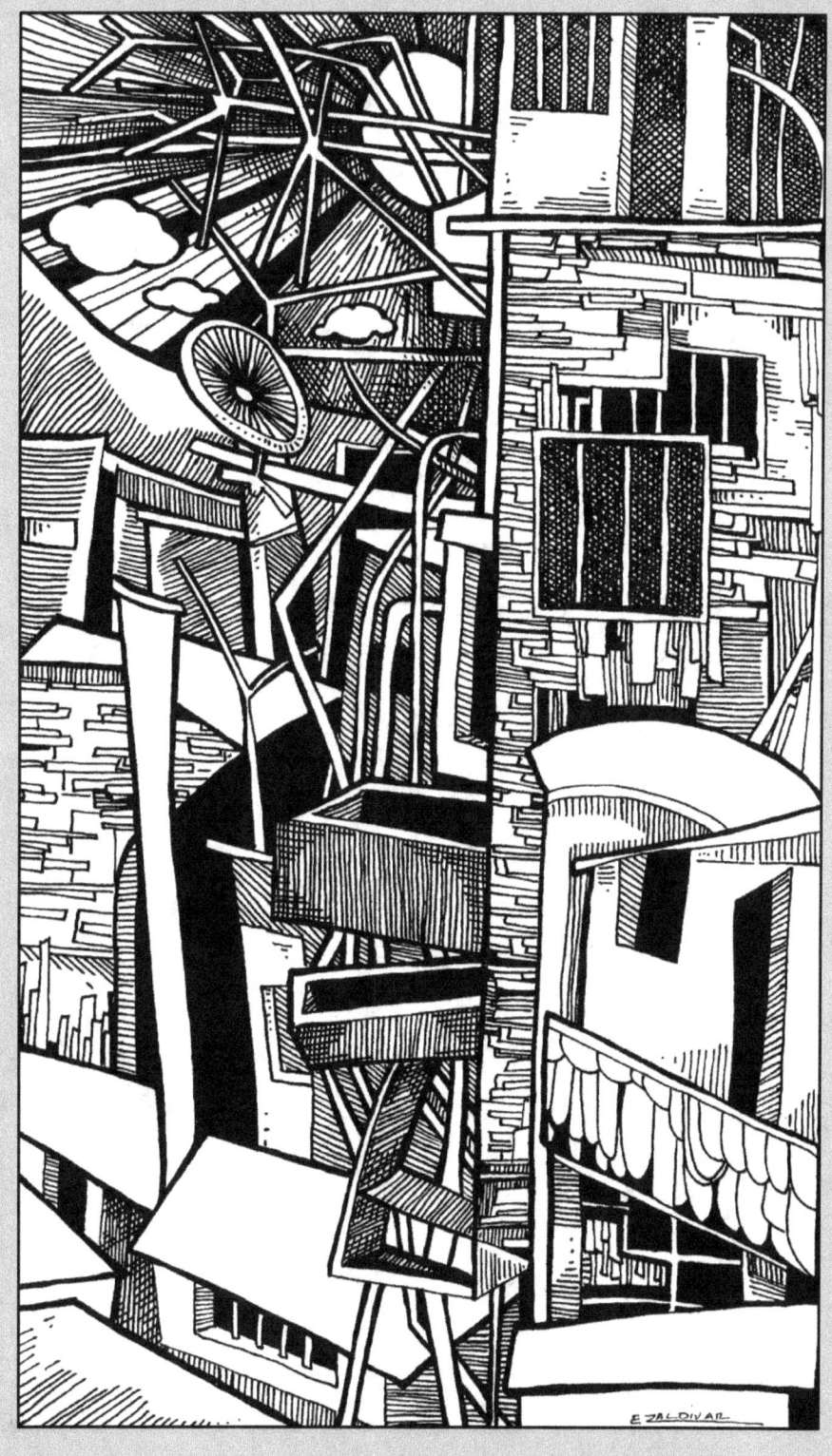

Barrio marginal

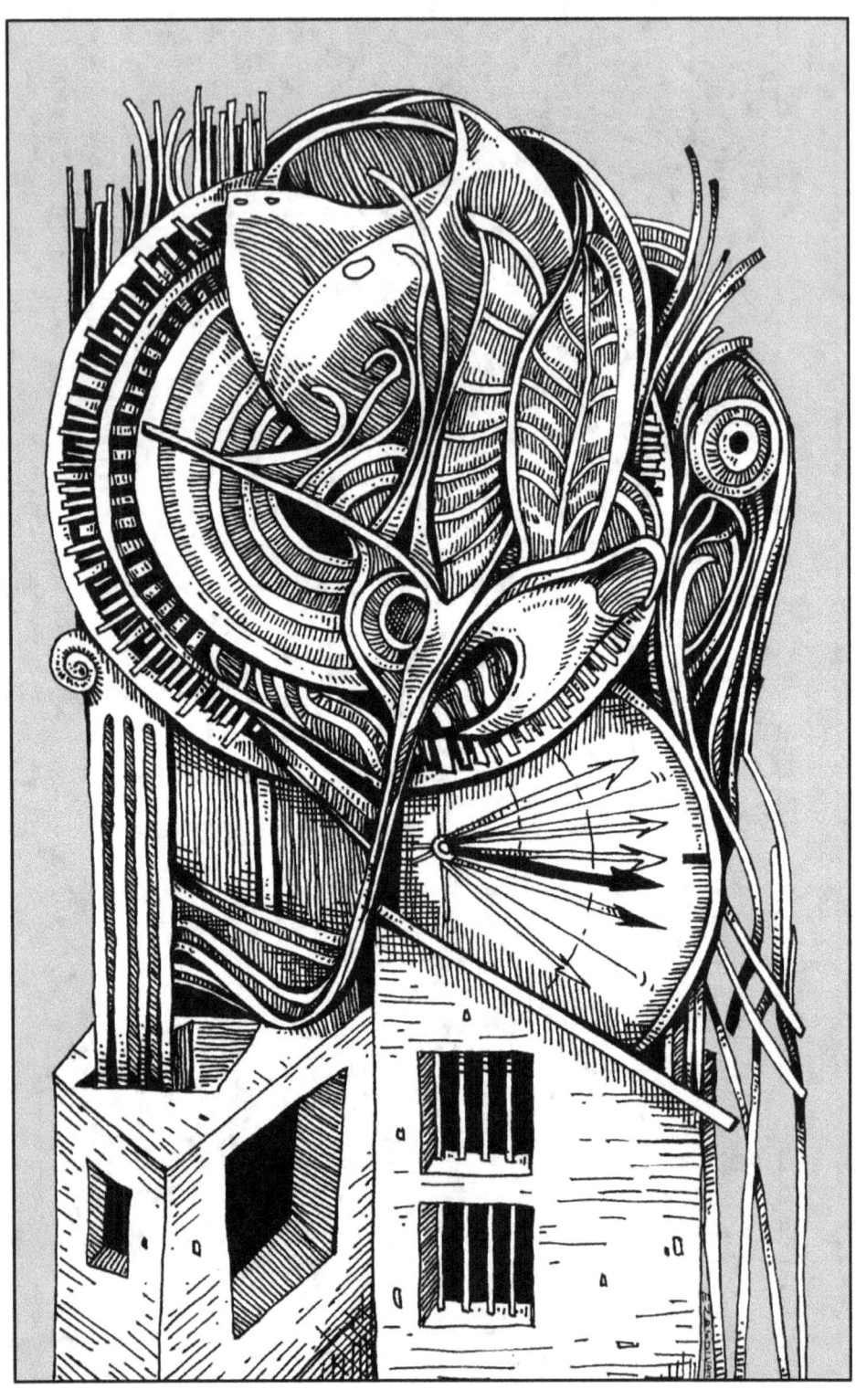

Catedral

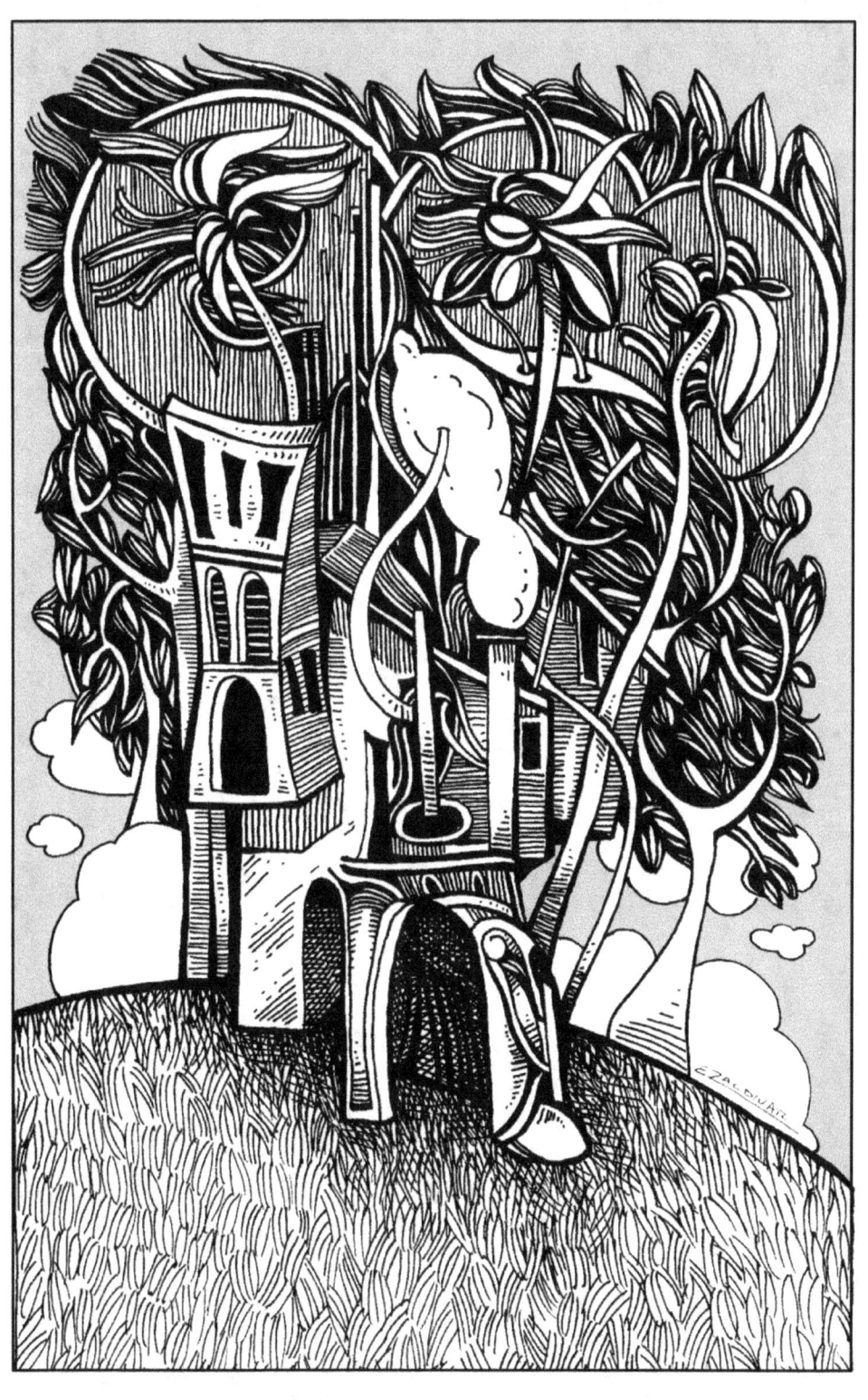

Casa de campo

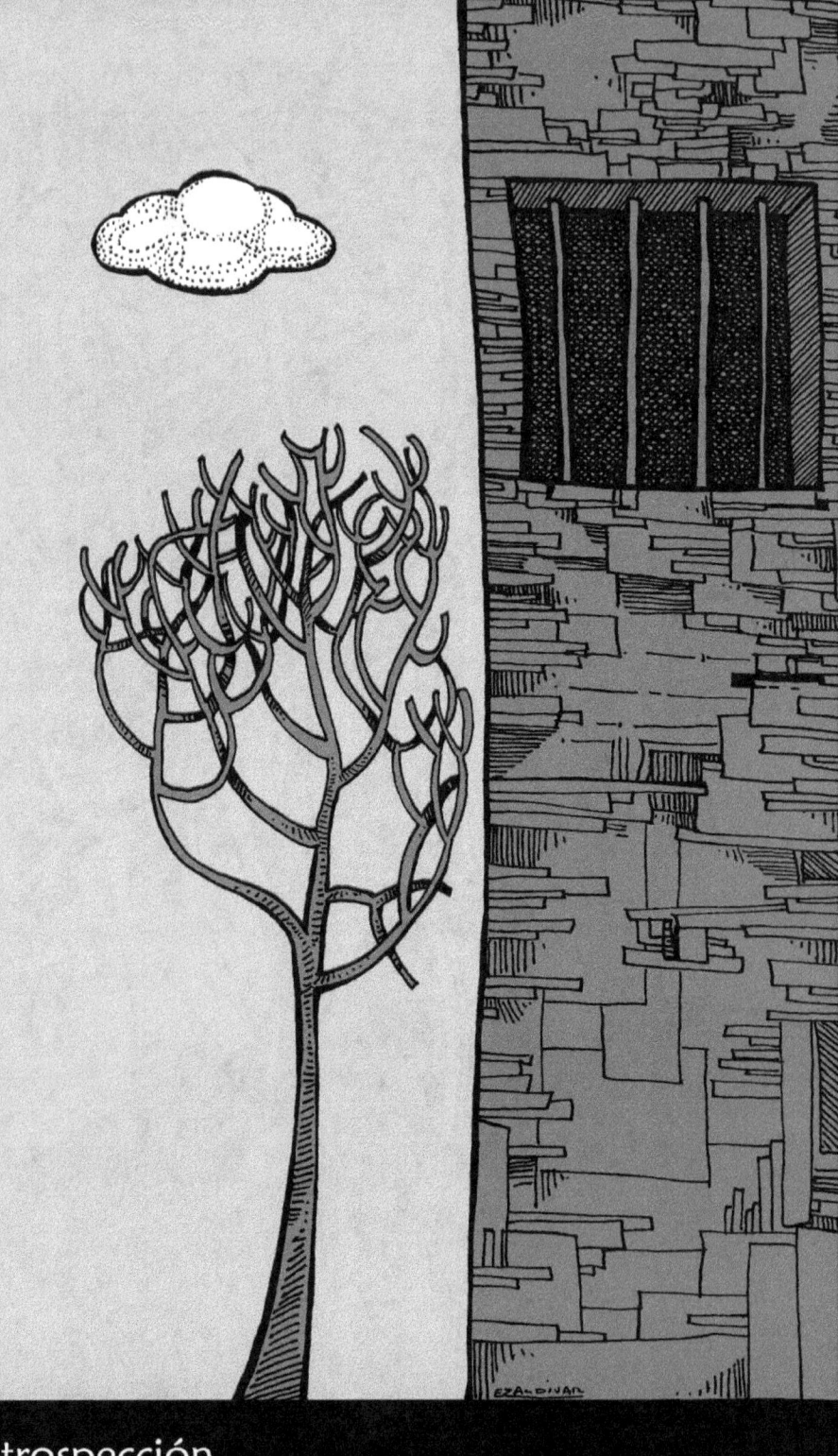

Introspección

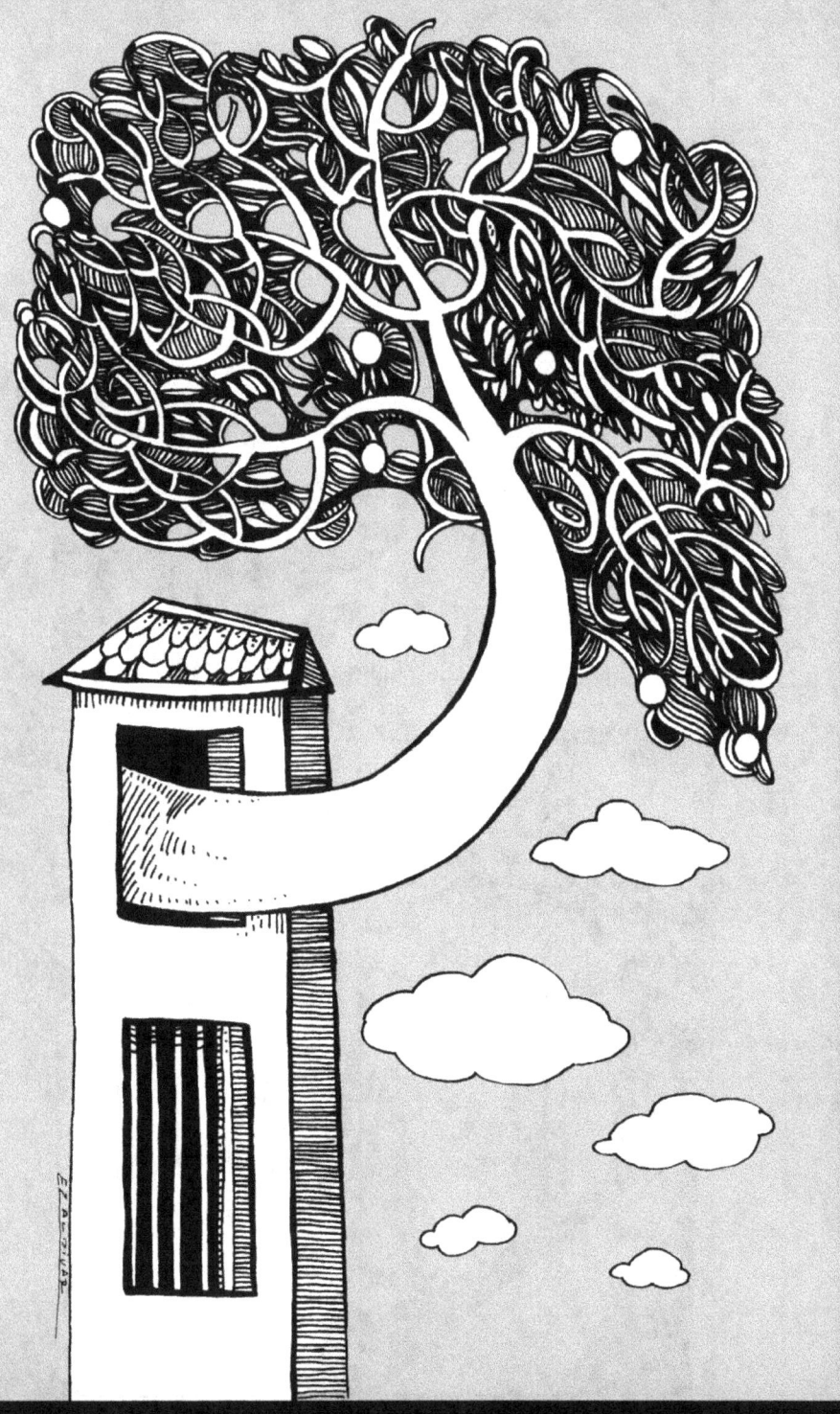

Mundo interior

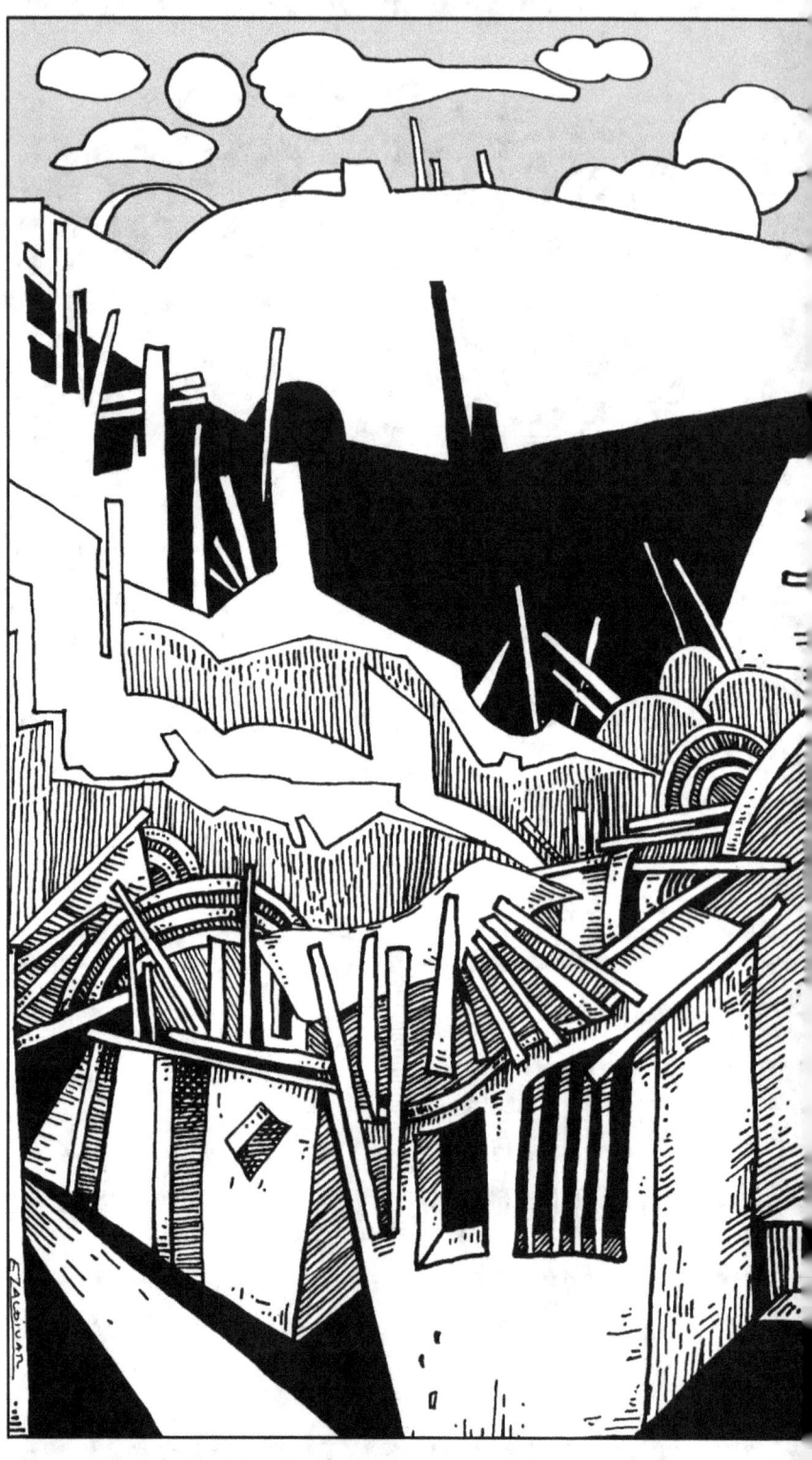

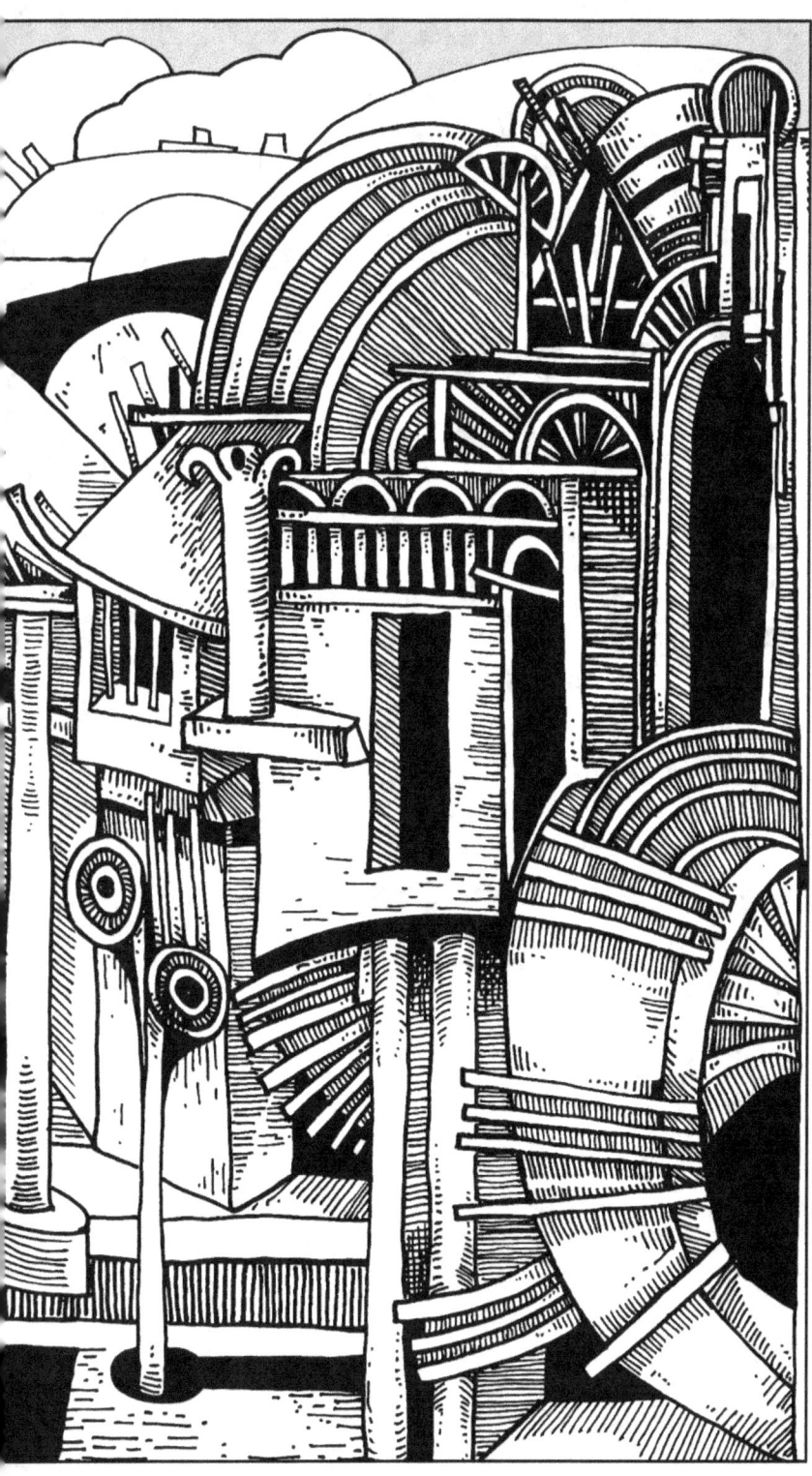

Laberinto

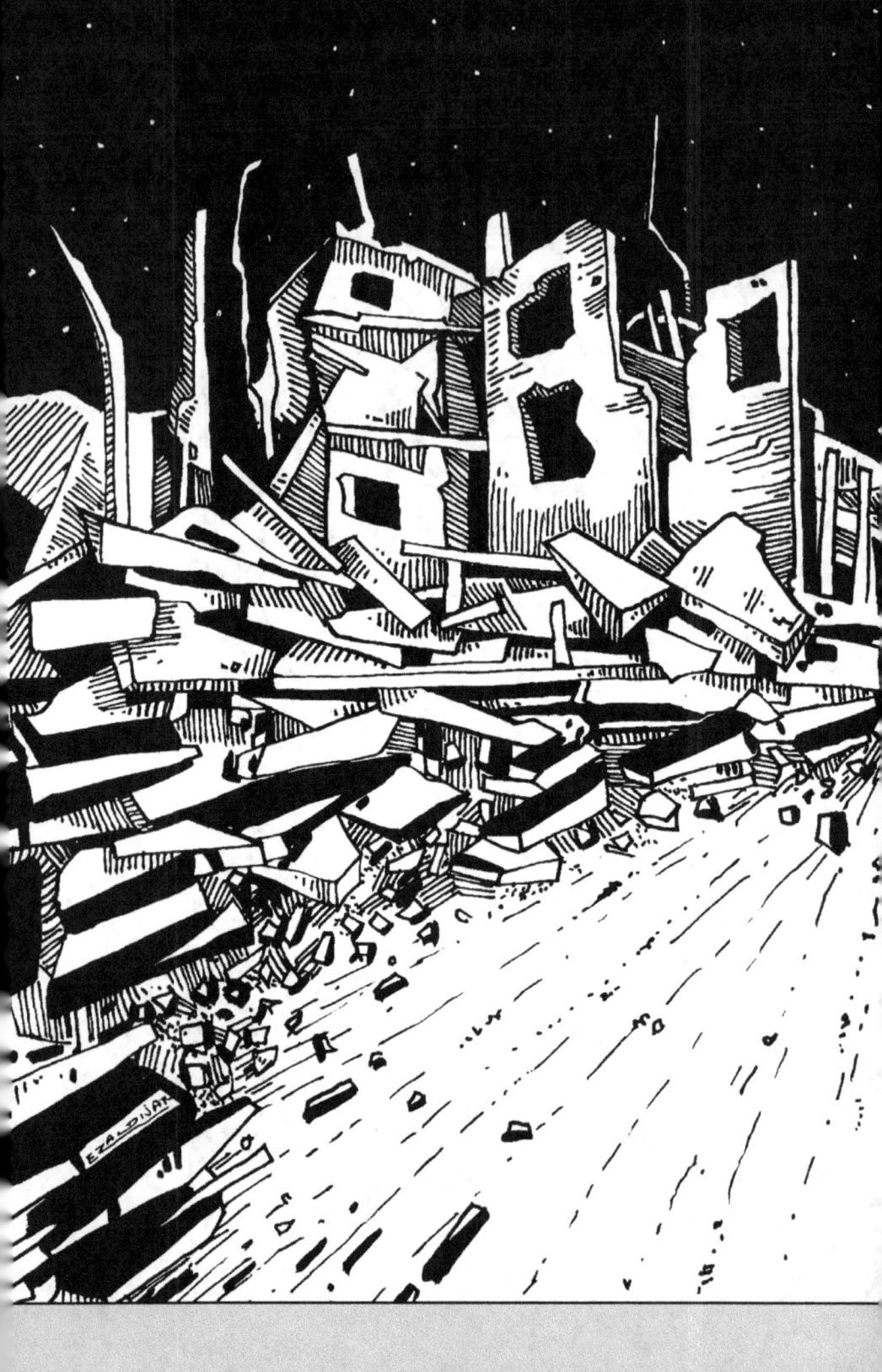

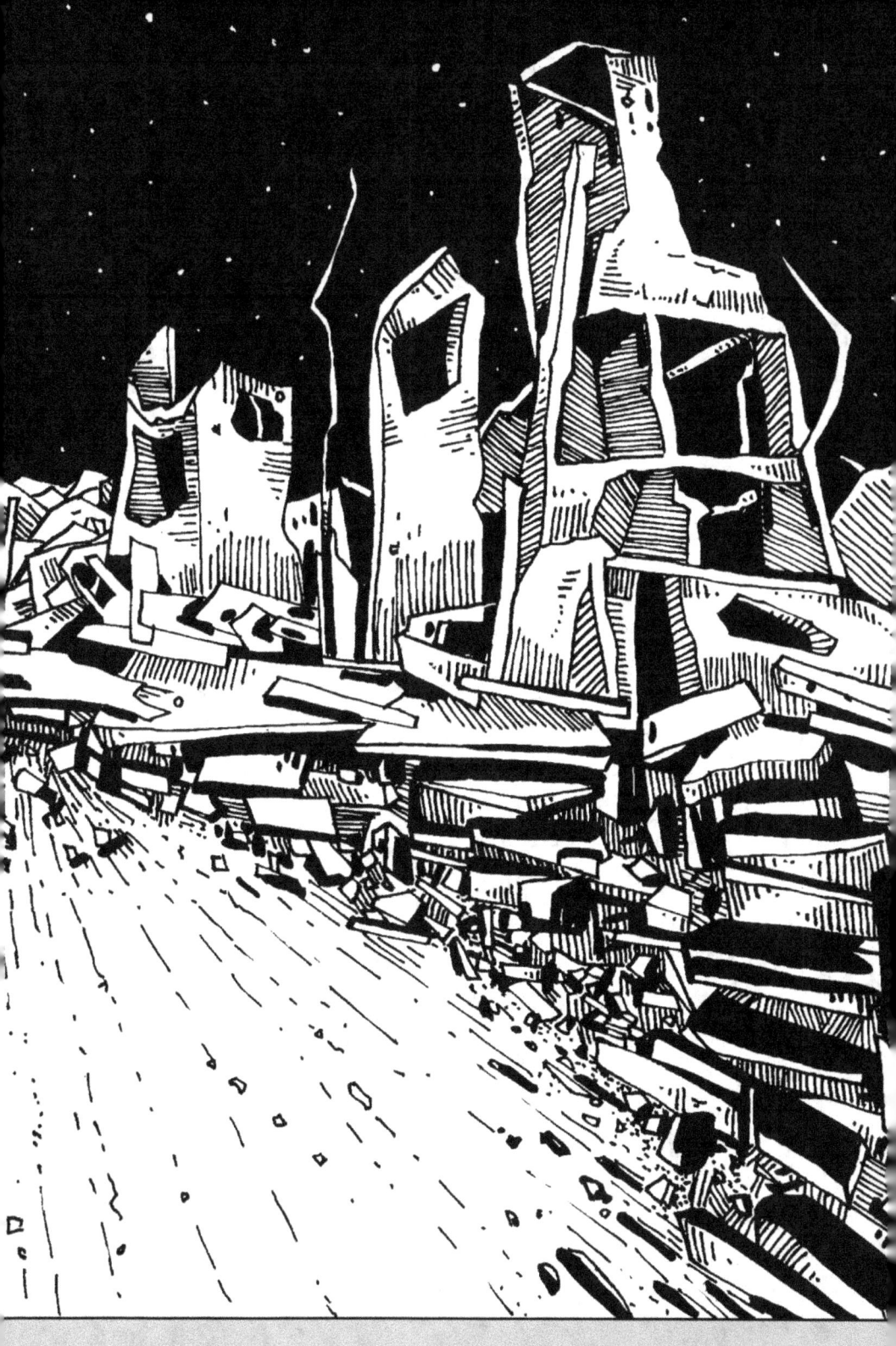

Ruinas y decadencia

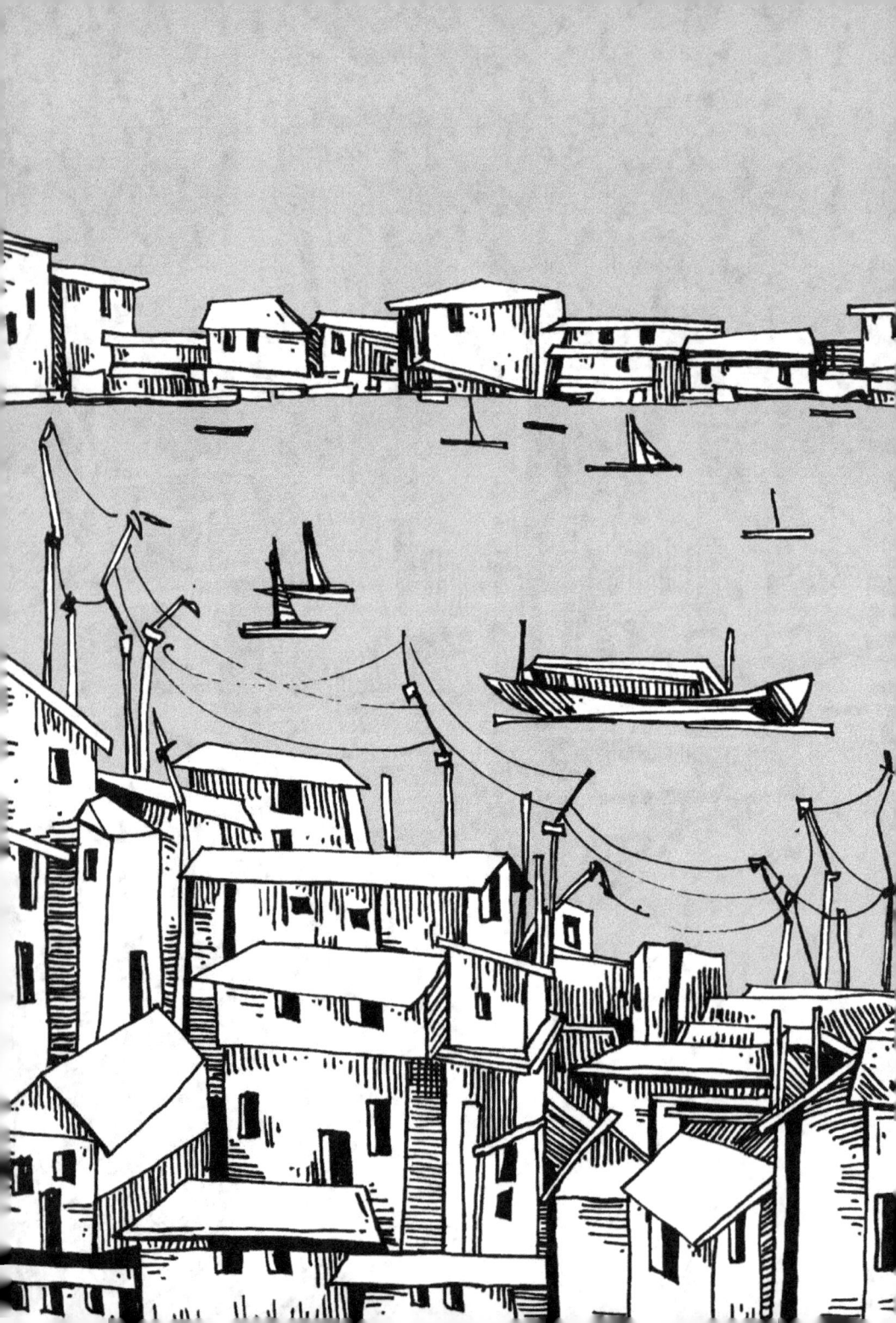

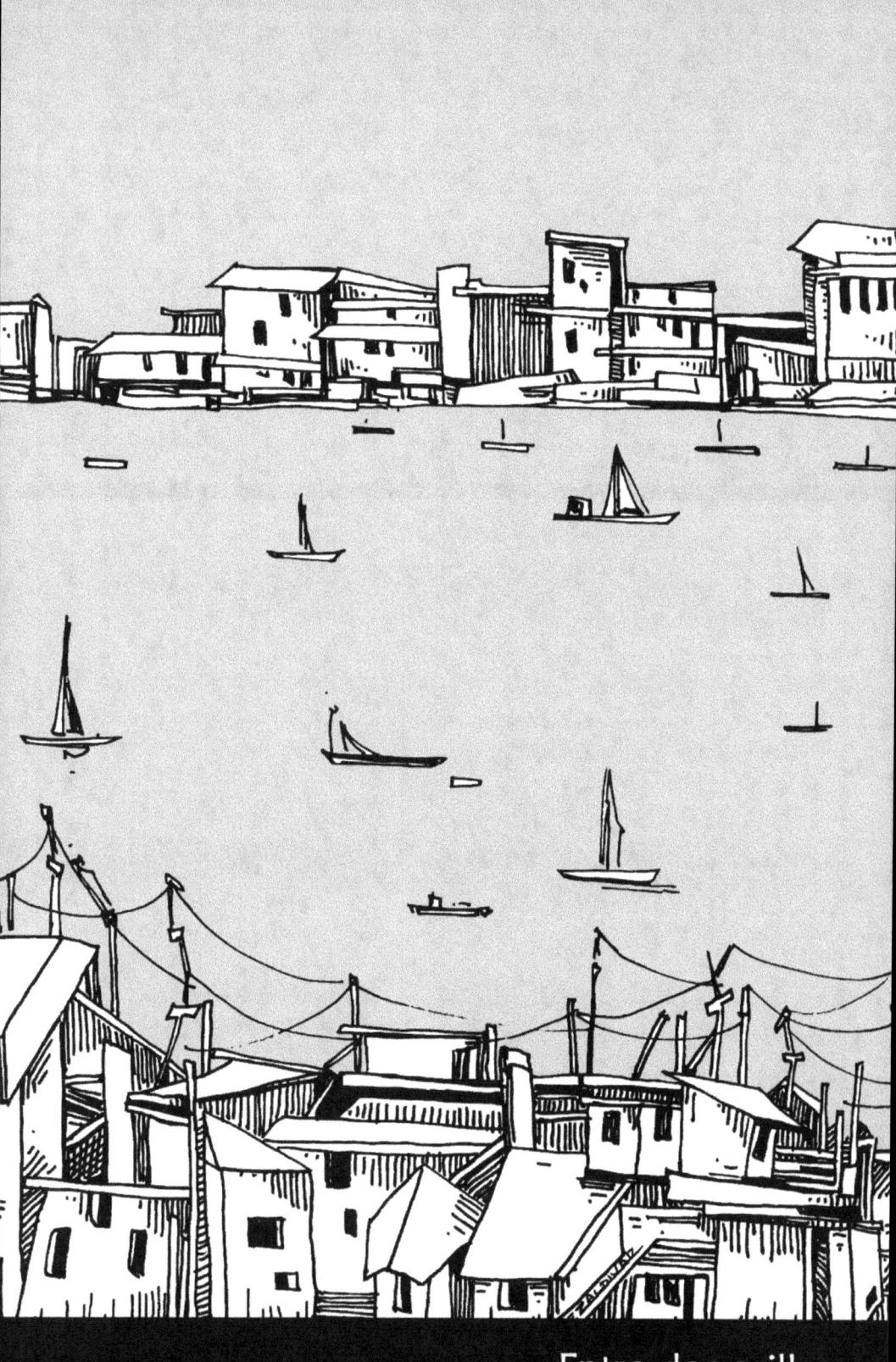
Entre dos orillas

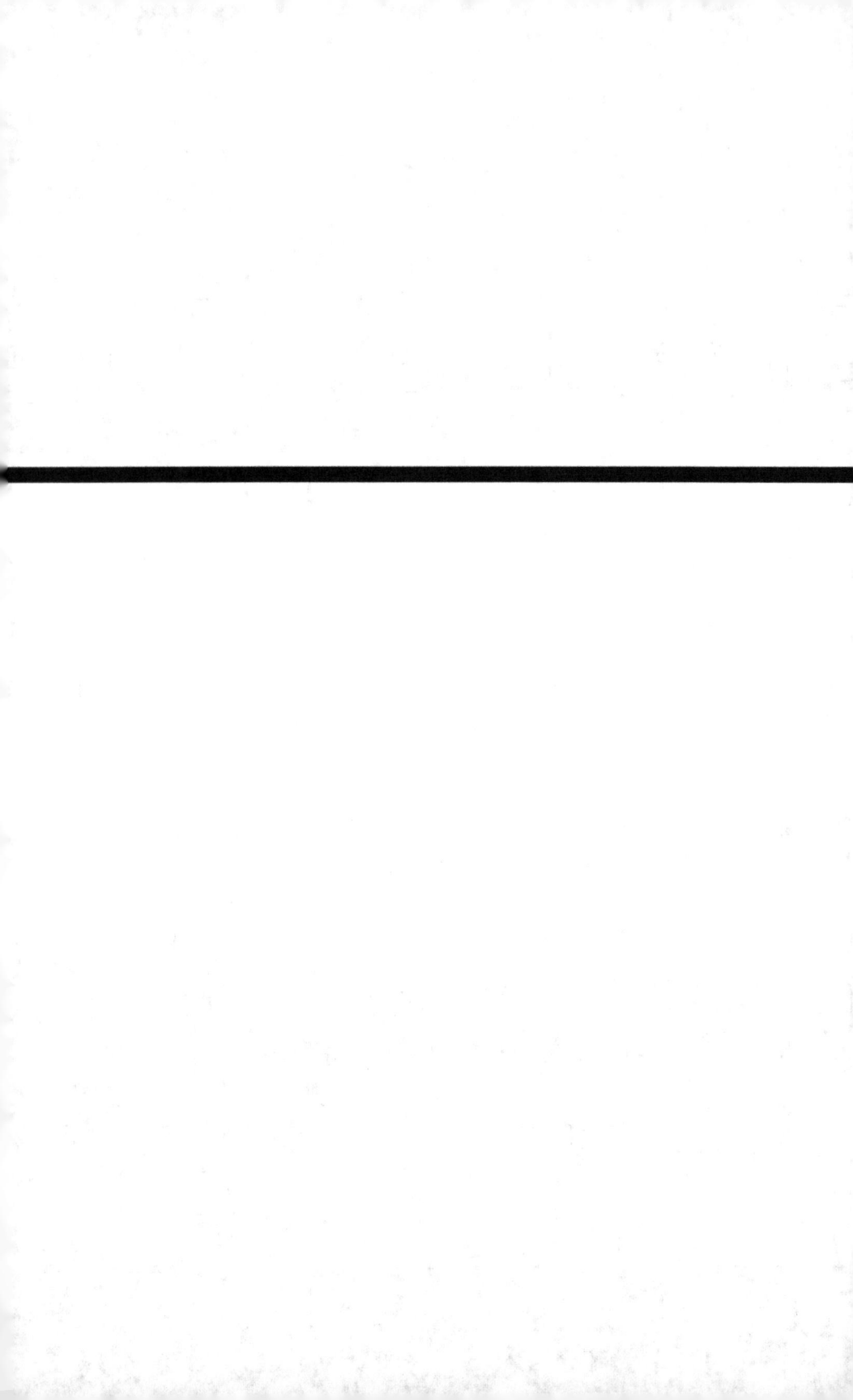

— No es el fin —

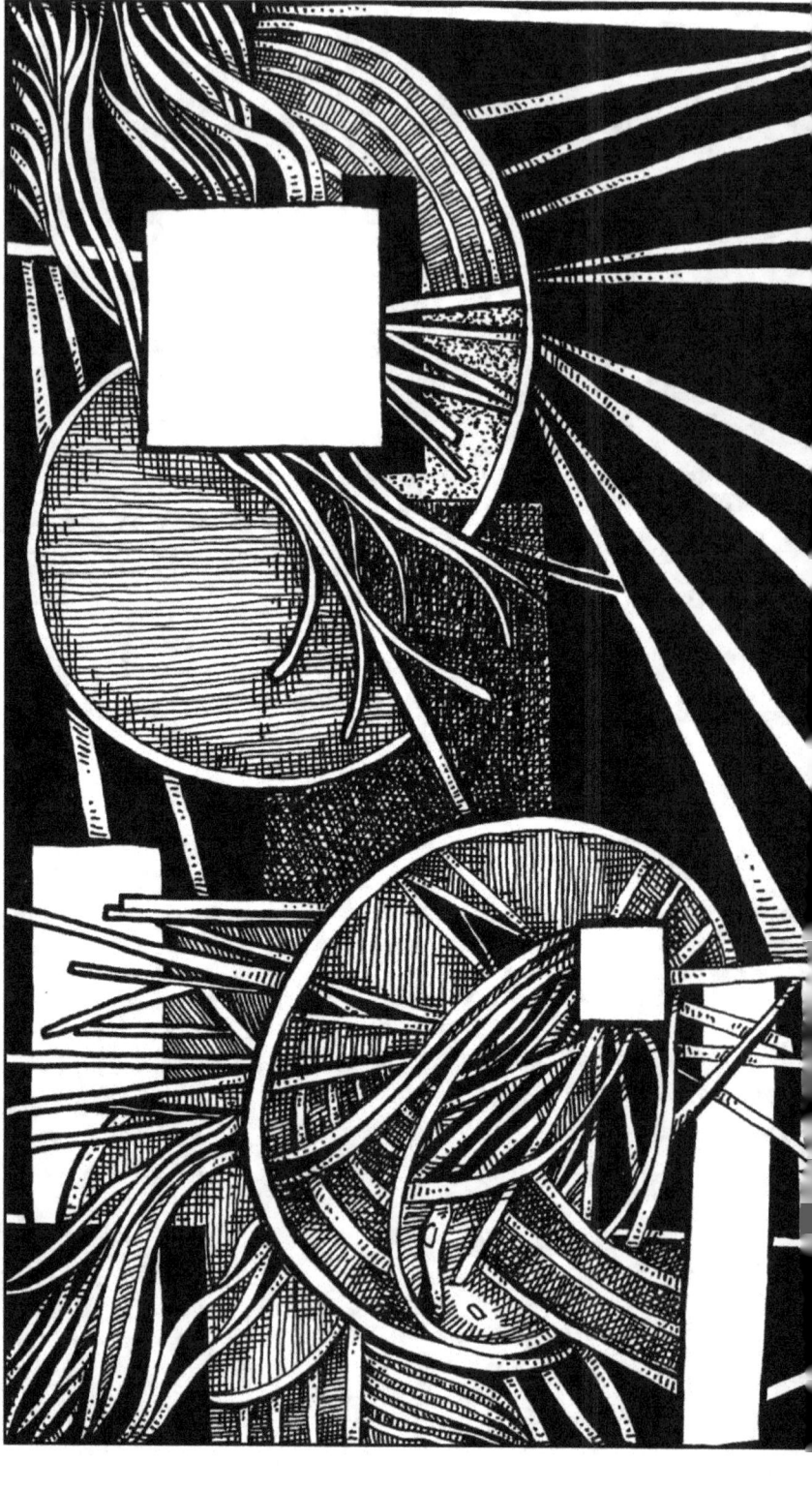

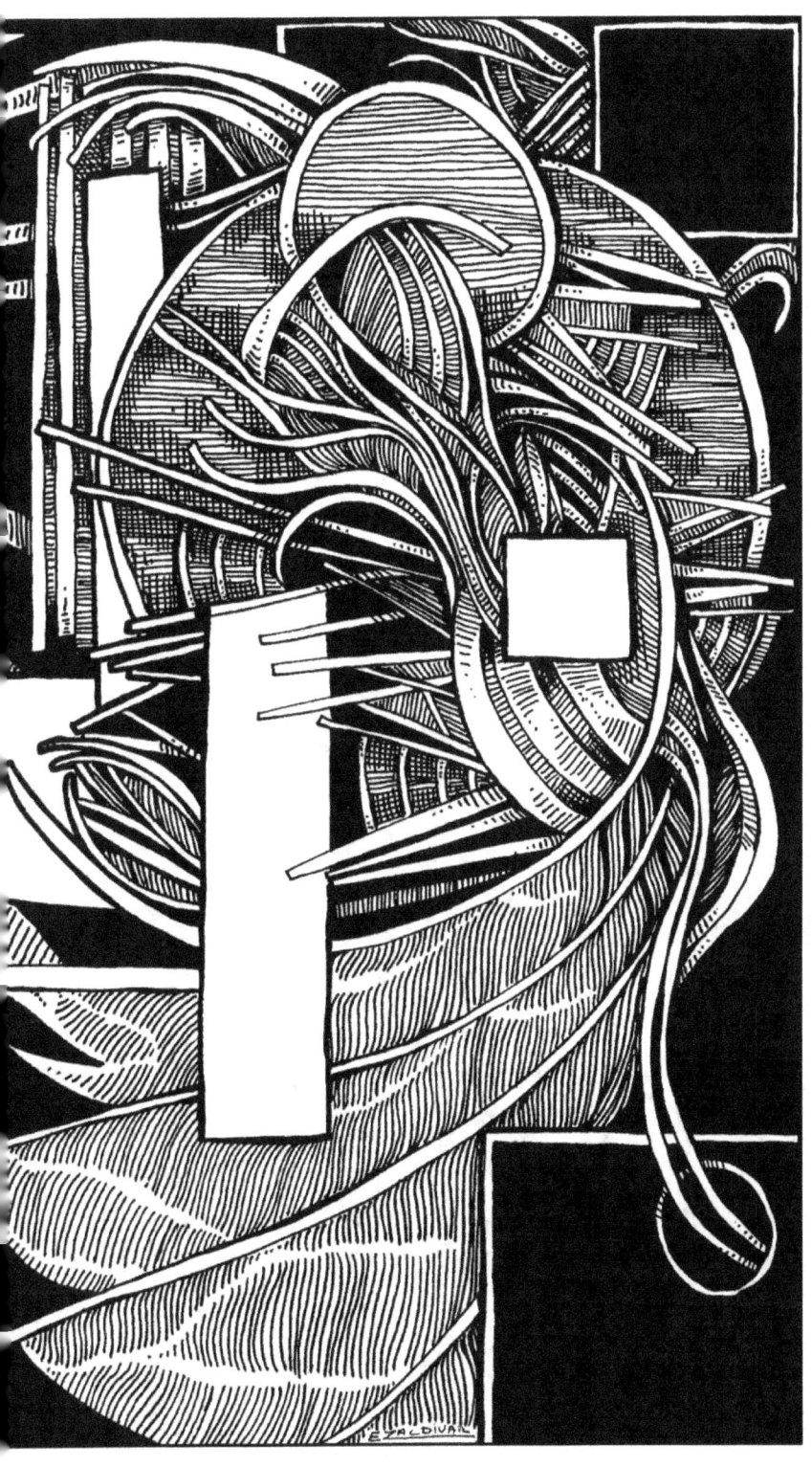

Una línea es un viaje inconcluso en el universo

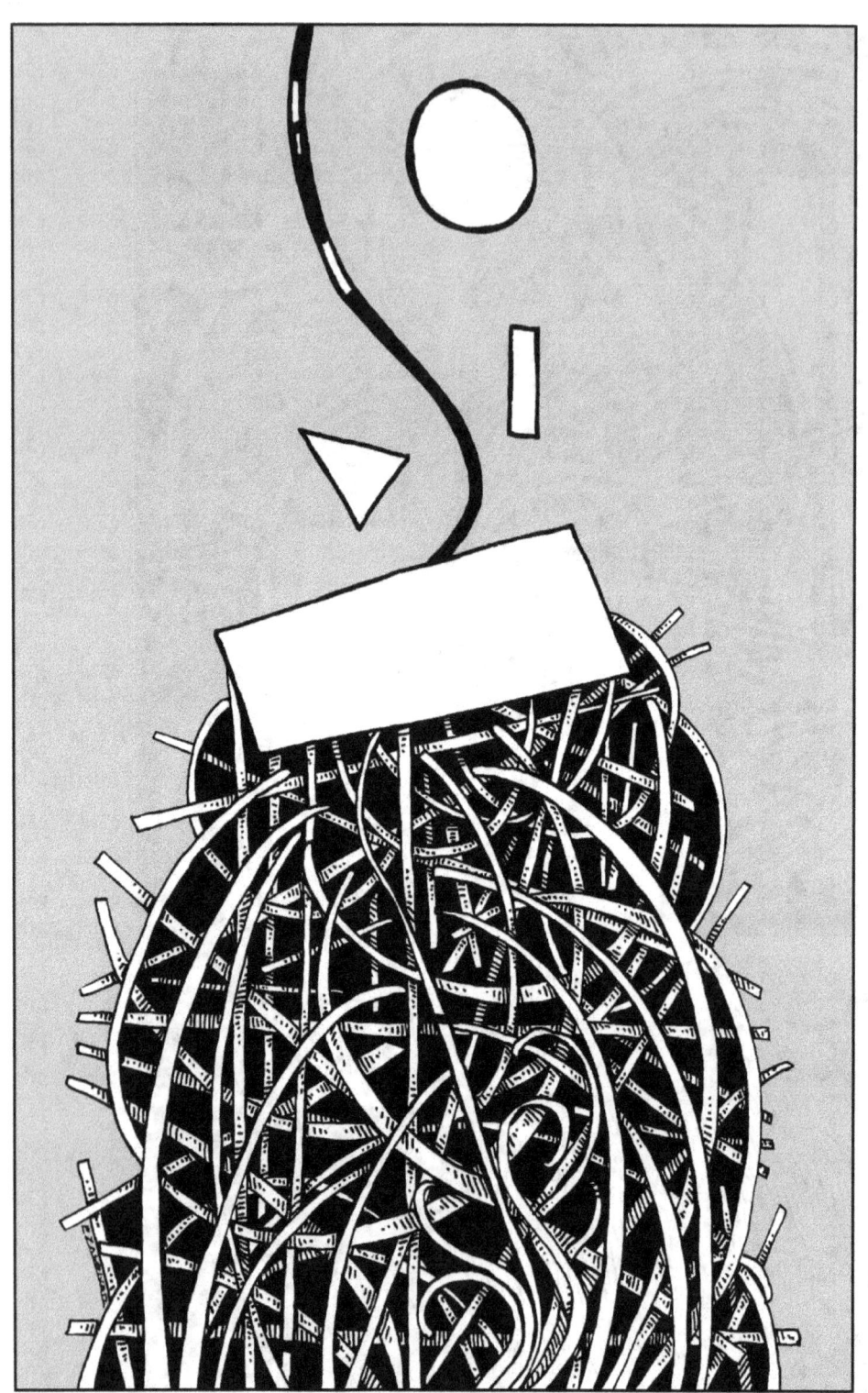

Equilibrio

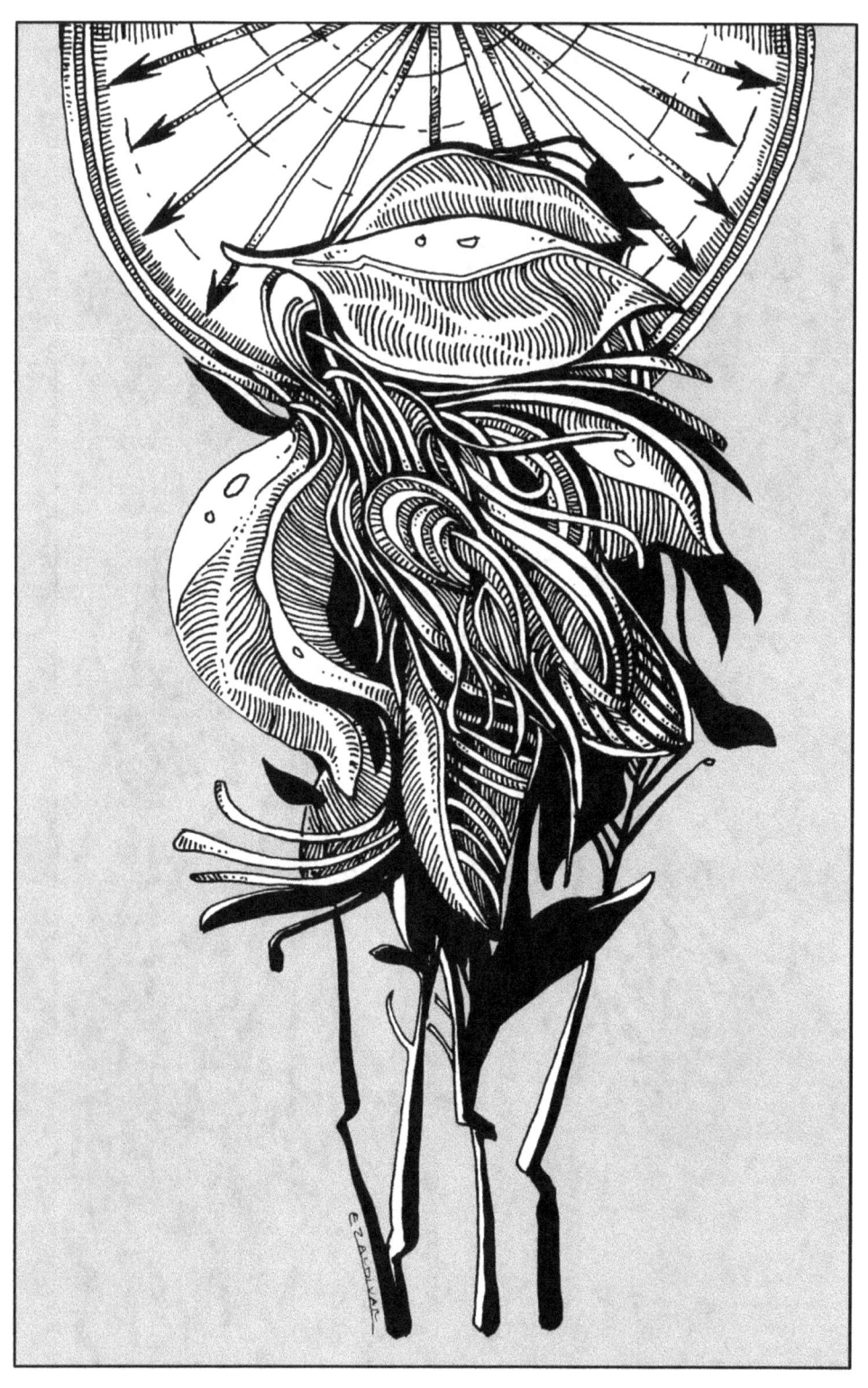

Acerca del tiempo

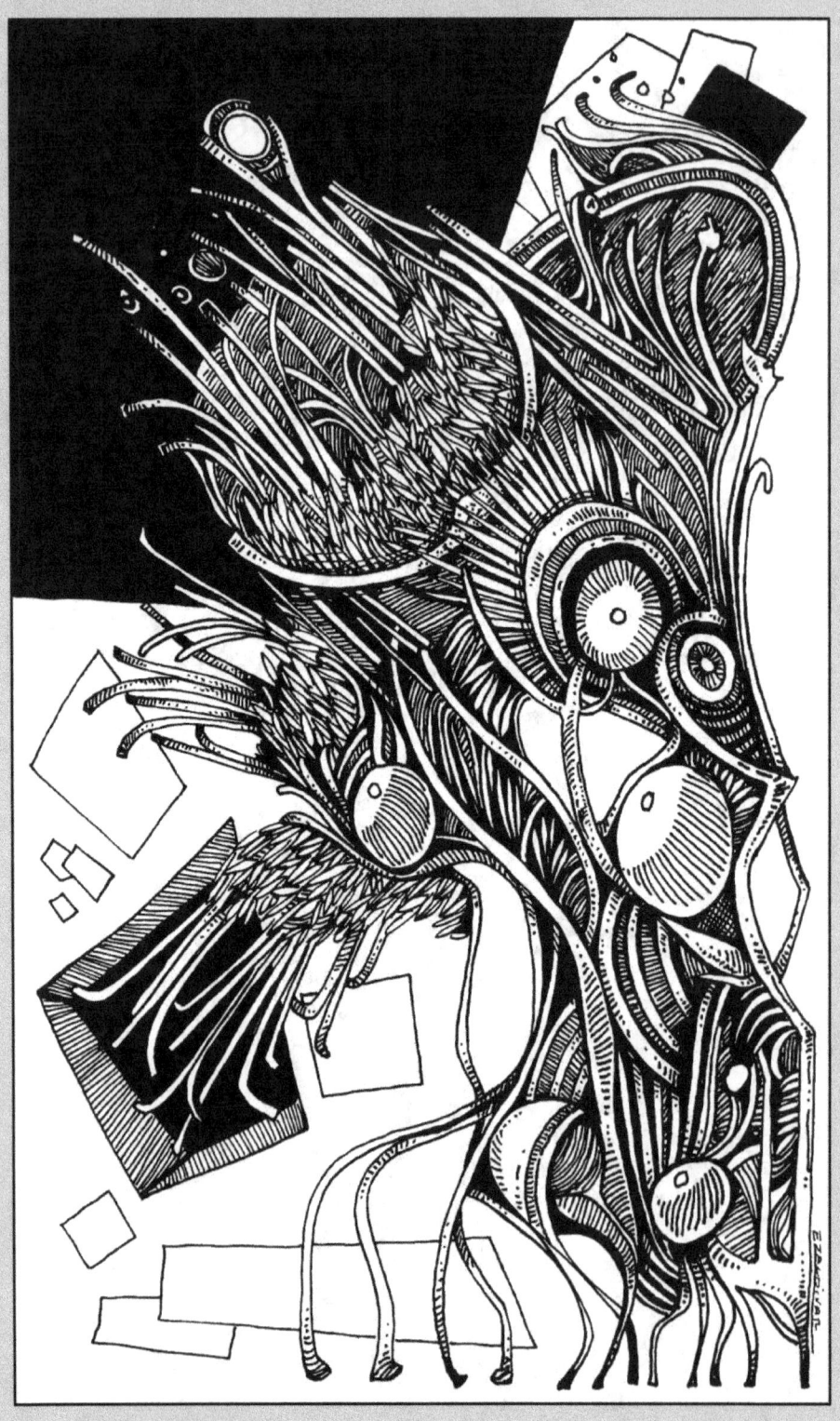

Intuición y metafísica

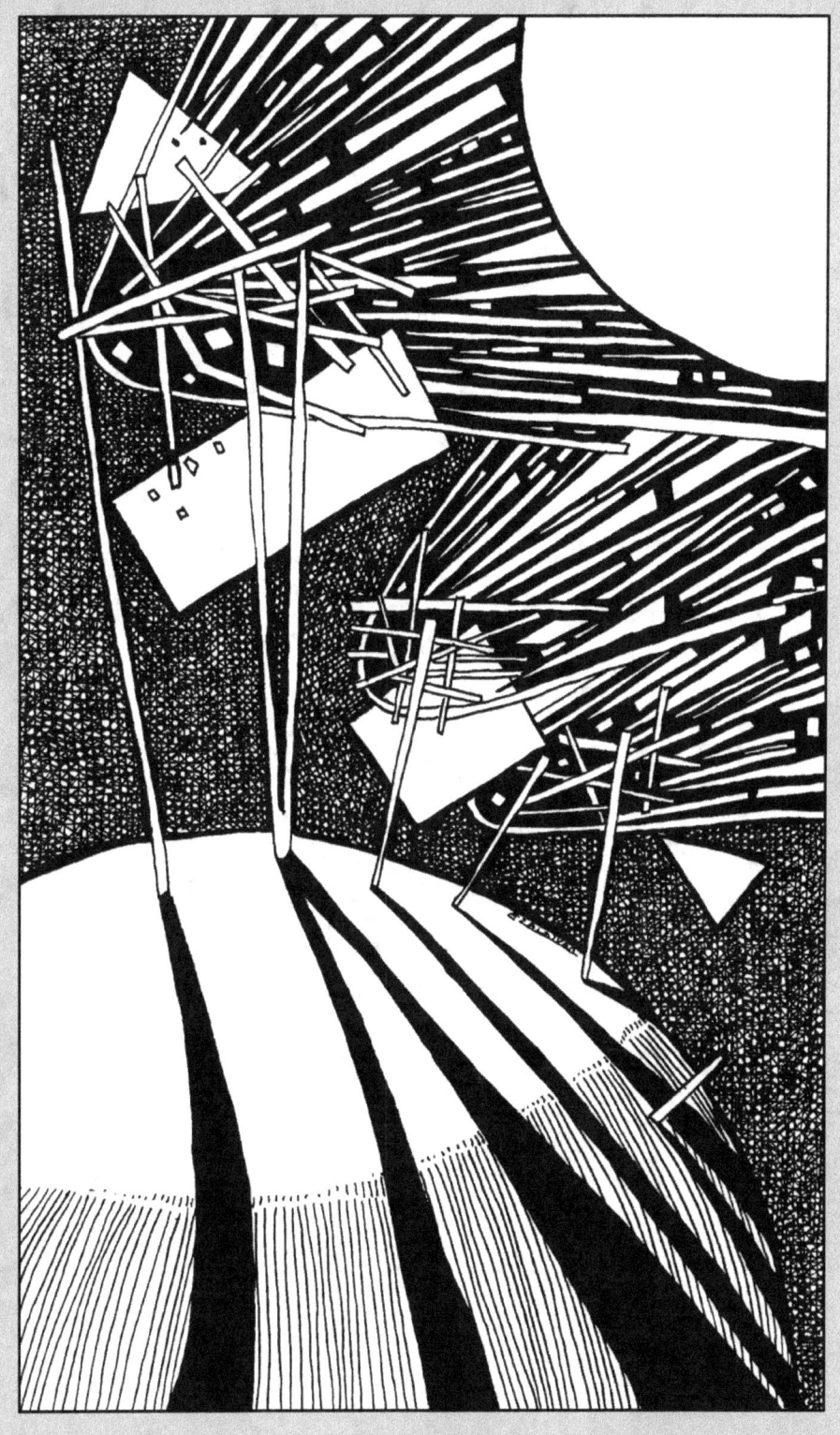

La energía del vacío

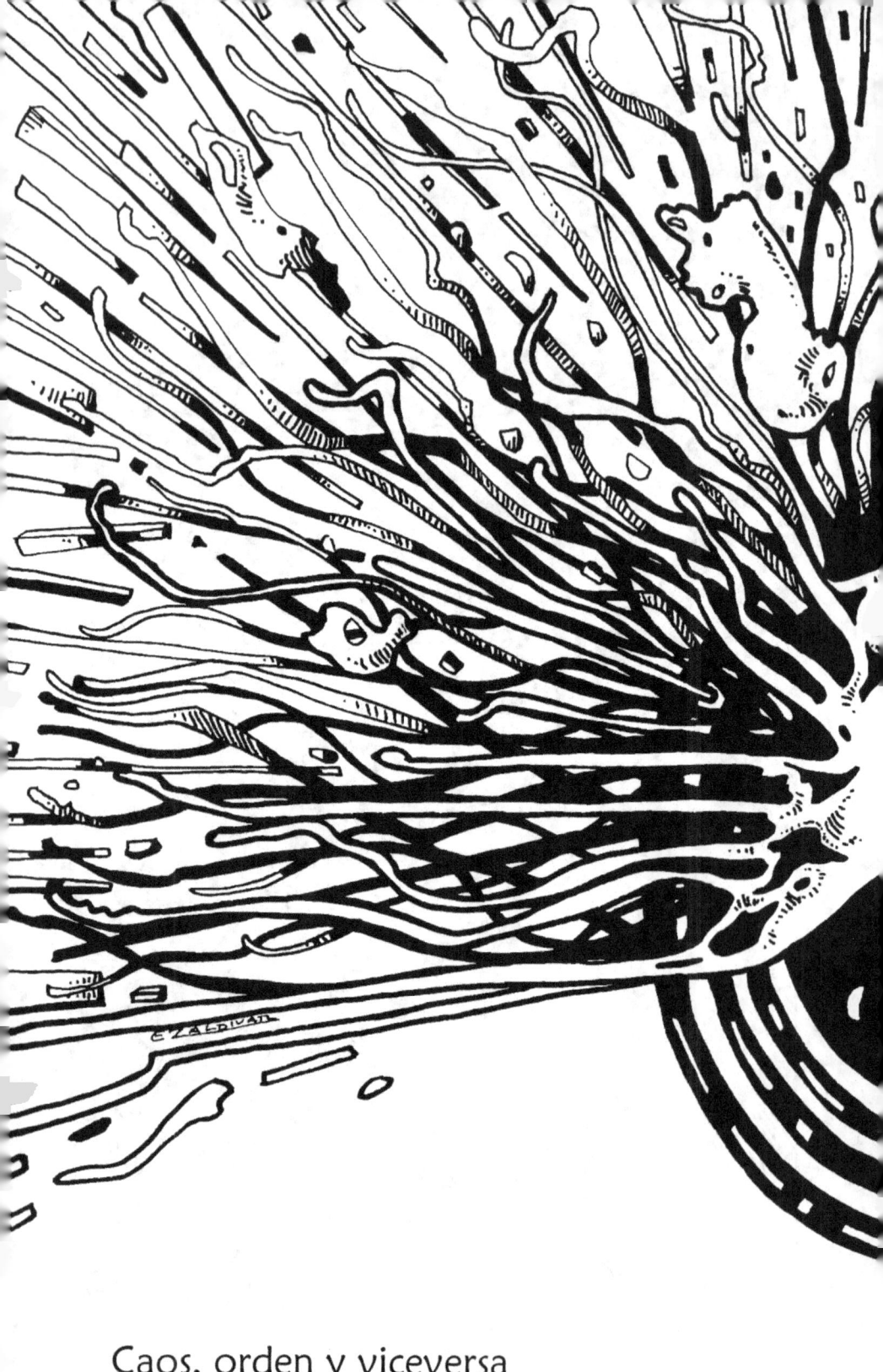

Caos, orden y viceversa

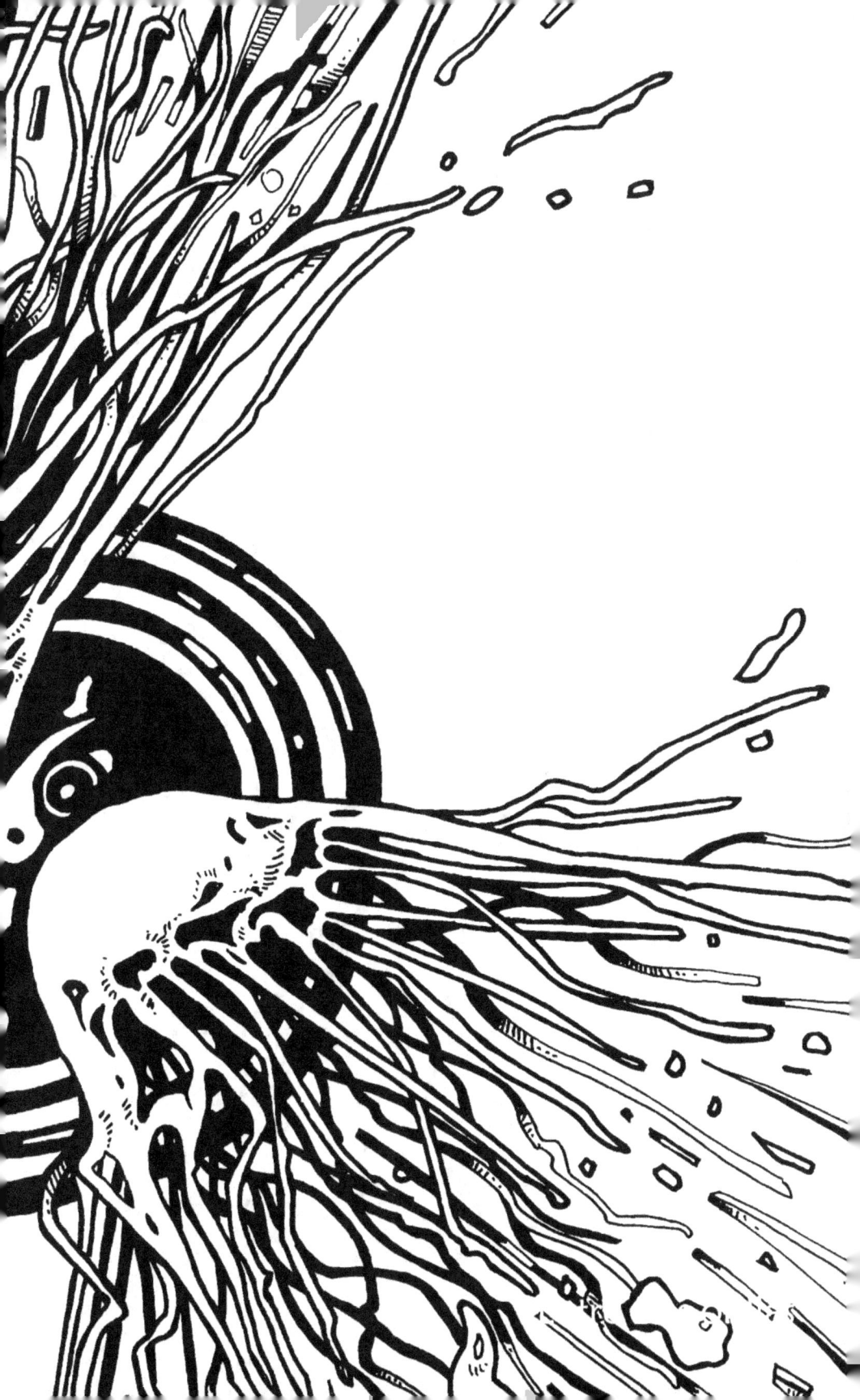

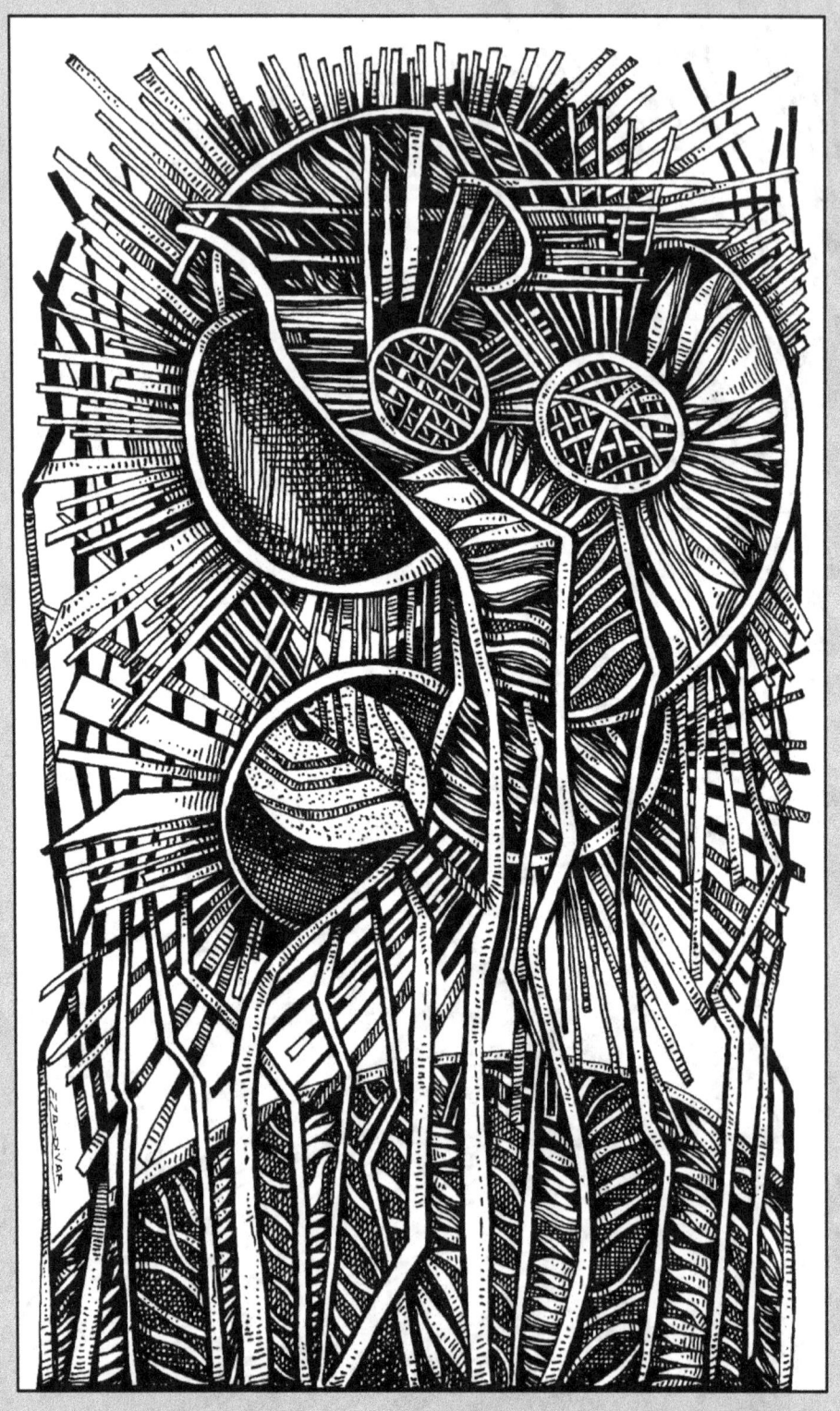

Naturaleza en deconstrucción

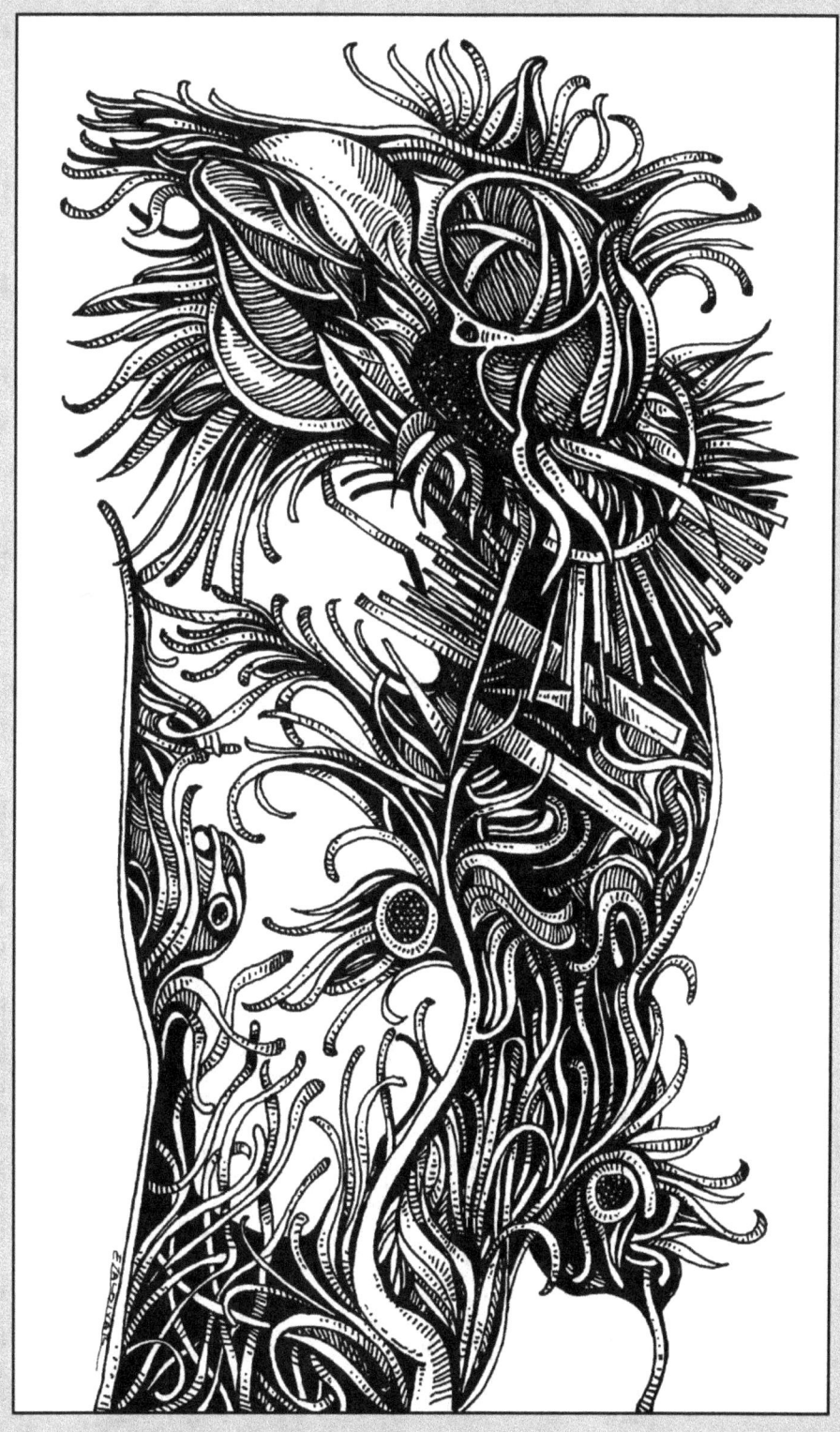

Mutaciones

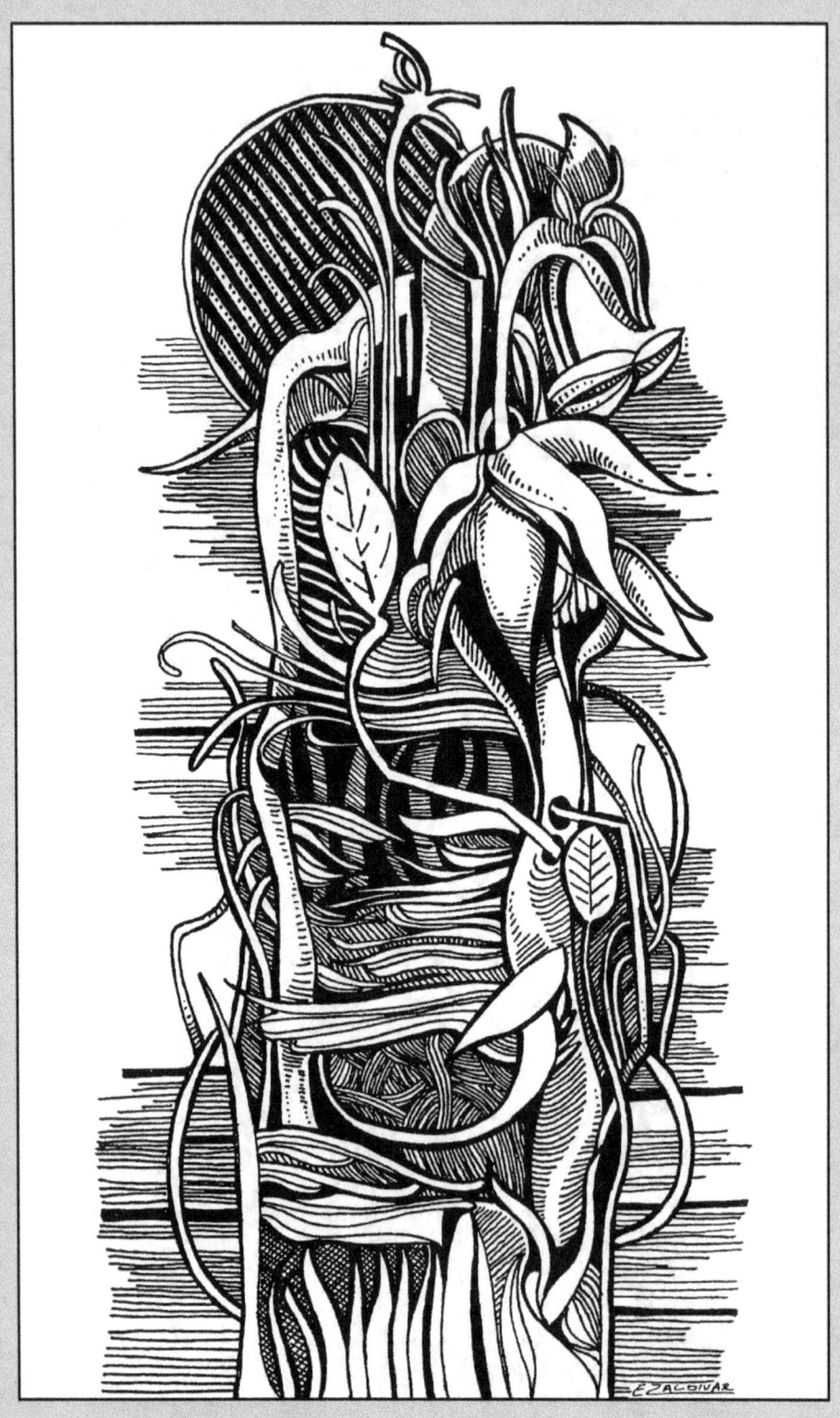

Planta amorfa

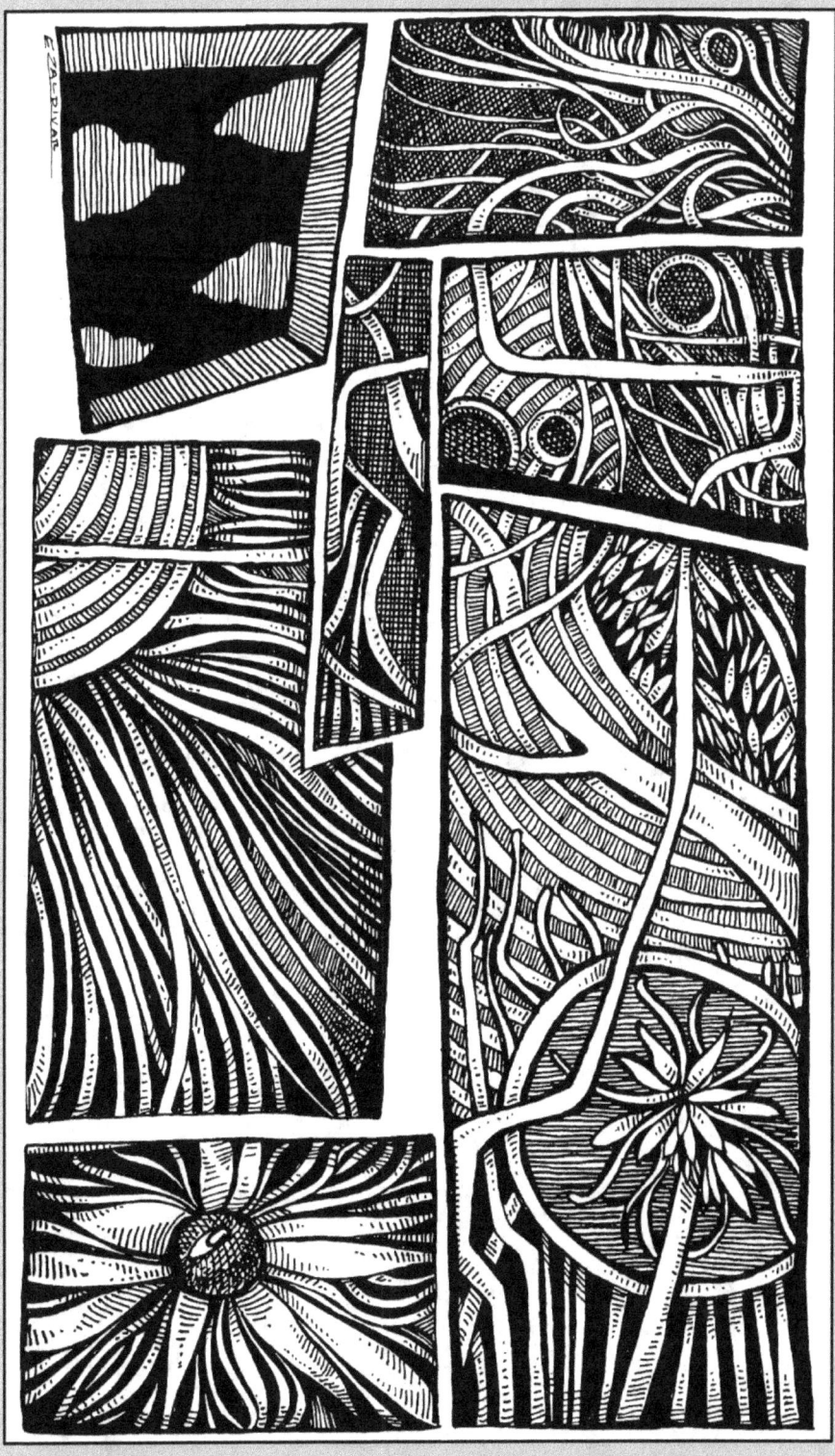

Dédalo

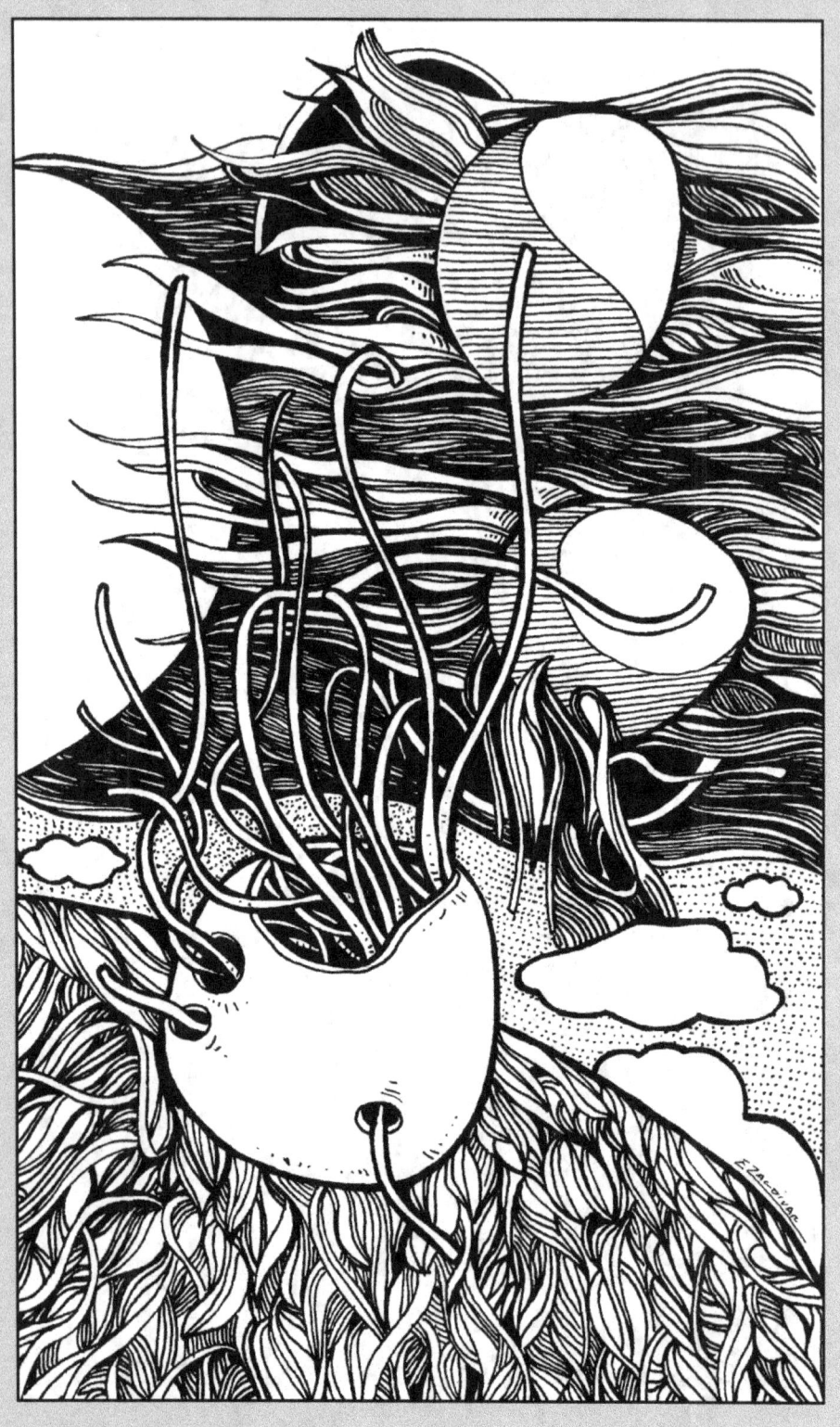

Universo en movimiento

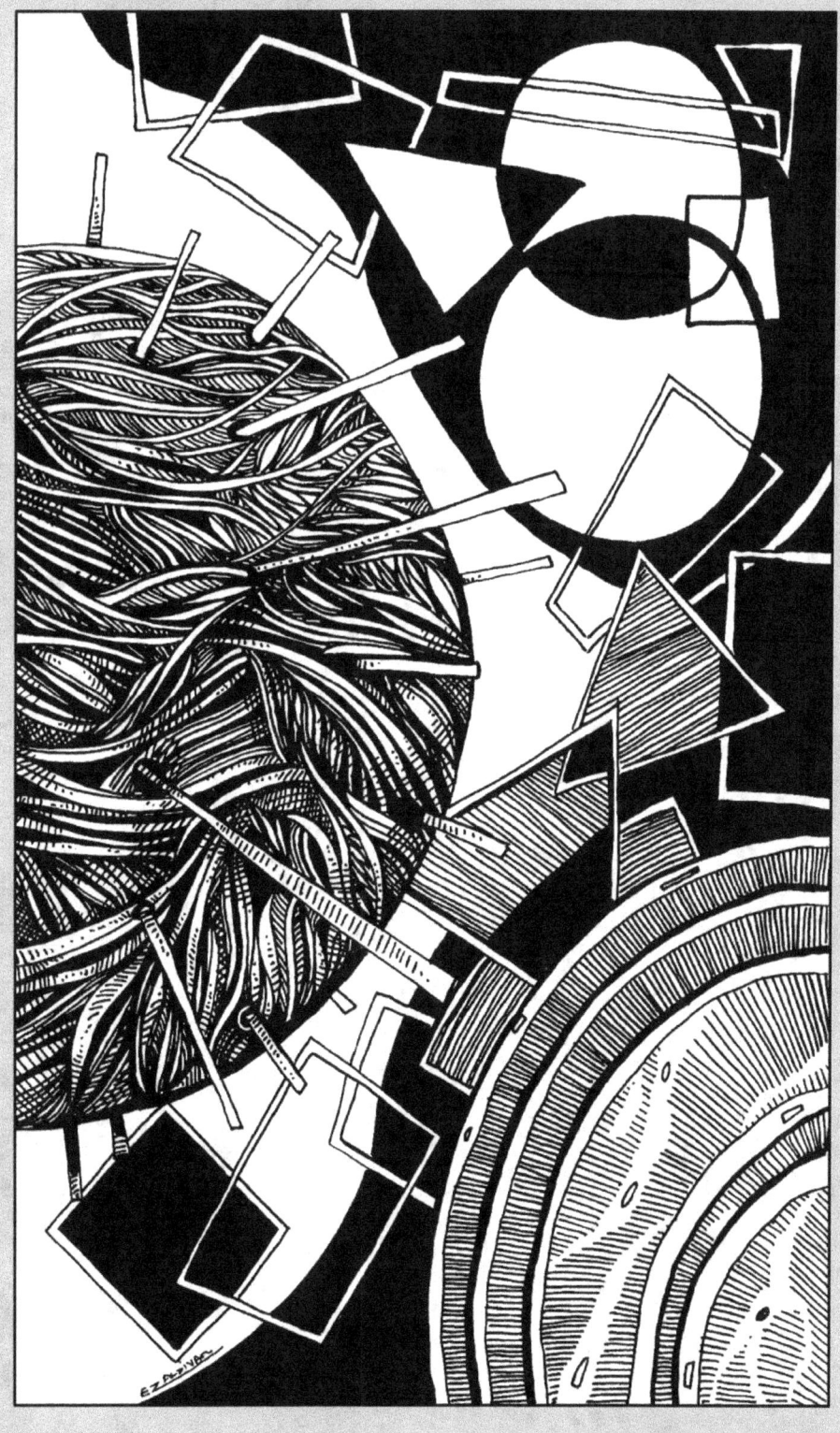

Ingravidez

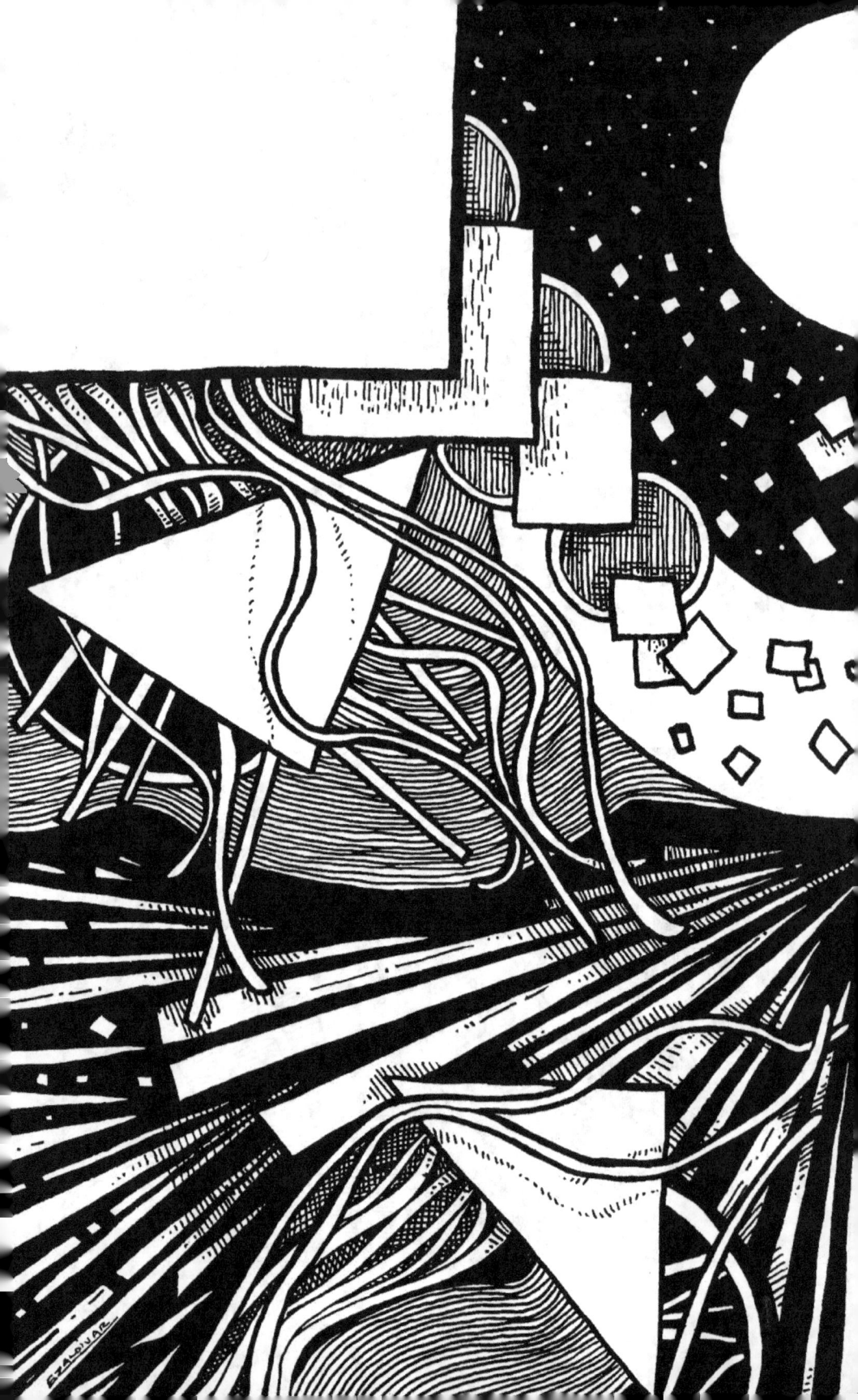

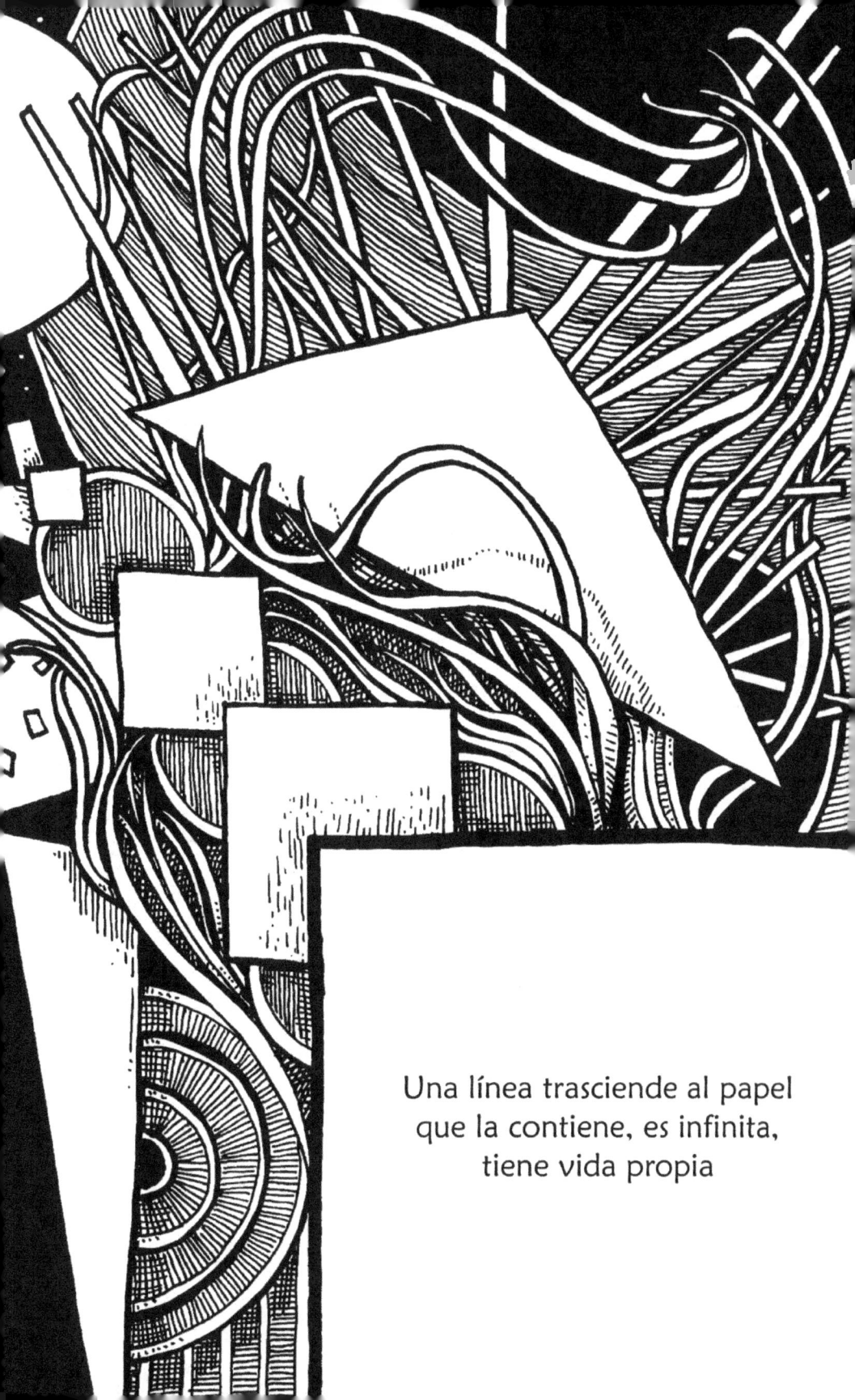

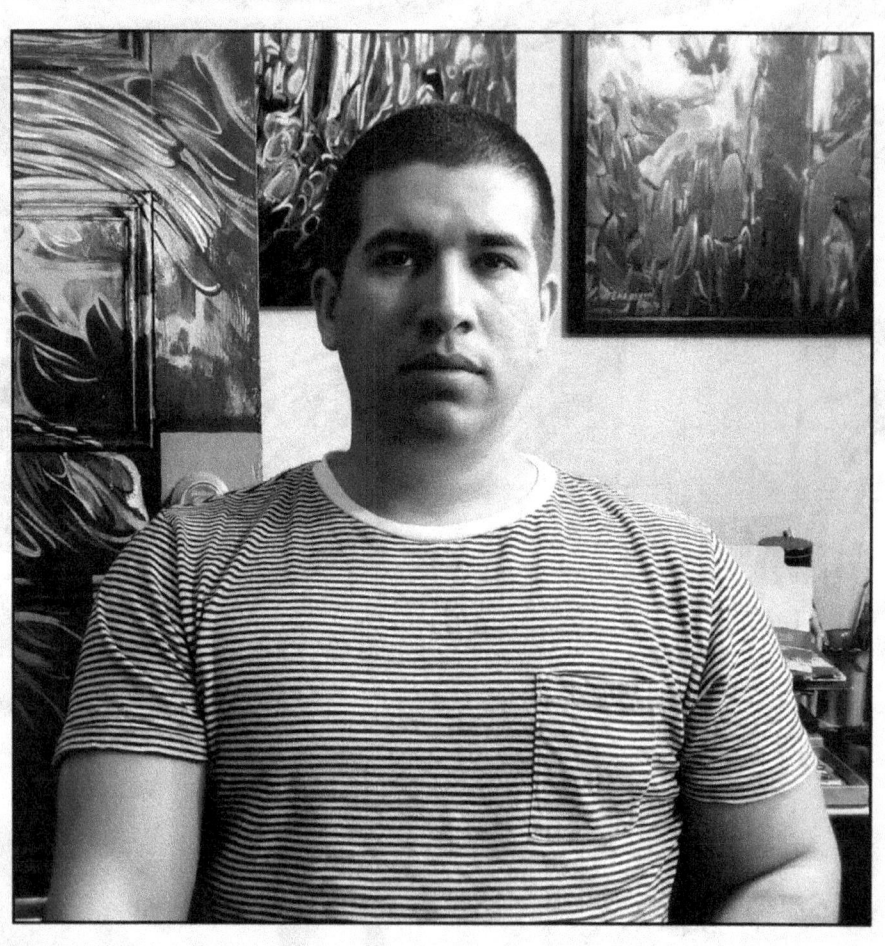

Enrique Zaldívar es un pintor y dibujante cubano. Graduado de la Academia Profesional de Artes Plásticas El Alba en Holguín, Cuba. Actualmente reside en los Estados Unidos.

Hasta la fecha ha realizado varias exhibiciones individuales y colectivas. Sus obras aparecen en colecciones privadas, instituciones y corporaciones a través de los Estados Unidos y trascienden las fronteras de países como Canadá, México, República Dominicana, Argentina, Perú, Italia, Francia y España.

Además, ha alcanzado una notable popularidad en las redes sociales, especialmente en YouTube donde miles de personas ven sus videos instructivos sobre artes plásticas.

El arte de Enrique se caracteriza por una mirada curiosa del mundo que le rodea para luego mostrarlo y recrearlo en su amplio abanico de situaciones.

En cada obra deja al descubierto su filosofía de vida y su visión sobre las cosas. Busca profundizar en lo universal e inherente a cada persona, pero no desde la distancia, sino desde lo personal e introspectivo.

Aunque la representación visual del ser humano está casi totalmente ausente de sus trabajos sí lo refleja implícito en la naturaleza y como parte indisoluble del universo.

Las pinturas y dibujos de Zaldívar contienen una gran carga filosófica y poética que alienta la reflexión por parte del observador para no dejarle indiferente.

Para conocer más sobre el artista visita:
www.enriquezaldivararte.com

www.ingramcontent.com/pod-product-compliance
Lightning Source LLC
Chambersburg PA
CBHW071603220526
45469CB00003B/1100